✈

스무 살
인천공항 이야기

스무 살
인천공항 이야기

김연명 · 민영기 · 박준철 · 윤영표 지음

북치는마을

無에서 有를 창조한
인천공항은 땀으로 이루어진
노력의 결과

항공안전기술원 원장 **김연명**

1997년 미국에서 공항계획 공부를 마치고 귀국하여 첫 직장 한국교통연구원에서 처음으로 맡게 된 연구용역이 '인천국제공항 1단계 총사업비 타당성 평가연구'였다. 단군 이래 최대 규모로 건설되는 공항사업이다보니 설계과정서 빠진 것도 많았고 개선해야 할 것도 많았다. 이를 반영하기 위해 기본계획을 변경하고 총사업비 조정도 필요했다. 1997년 11월 현장 실사를 위해 교수와 전문가가 포함된 10인의 실사단과 함께 율도에서 배를 타고 바닷바람과 모래가 날리는 영종도 현장으로 건너갔다. 1박 2일의 부서별 브리핑과 질문 그리고 사업비 검토로 이어졌다. 11월 말 초거울 새벽까지 대기하면서 시설의 필요성과 사업비의 추가 필요성을 설파했던 토목, 건축, 기계, 전기, 조경부서 공사직원들의 열정은 아직도 눈에 선하다. 밤새워 일을 하는 그분들의 열정이 바로 오늘의 세계적인 인천공항의 밑거름이 되지 않았나 생각해본다. 개항을 2년 앞두고 2단계 사업으로 예정되어 있던 지상 4층과 지하 1층의 공사도 1단계에서 마무리해야 한다는 인천공항공사의 주장과 차후에 하자는 국토부의 의견 대립으로 필자는 '인천국제공항 여객터미널 효율적 건설 방안 연구'를 책임자로 수행하면서 최종 여객터미널 면적을 49만여 m^2로 확장하면서 깔끔하게 처리하였다. 덕분에 개항 당시 상을 받게 되었다. 이후 2006년 제2여객터미널 건설계획이 포함된 '인천국제공항 3단계 마스터플랜 연구용역'을 총괄 연구책임자로 수행하였다. 최초 기본계획에는 제1여객터미널 근처 장기주차장에 위치해있던 제2여객터미널의 위치를 당과제로 수행하면서 현재의 북쪽 위치로 이전하는 힘든 여정을 함께 했다. 이후 필자는 지난 20여 년 동안 인천공항이 동북아 허브공항으로 자리매김하기 위해 공사, 국토부와 함께 연구와 정책 건의 항공정책기본계획수립, 공항개발중장기계획수립 등을 통해 나름 최선을 다해 기여해 왔다. 2008년부터 차세대지능형공항시스템연구단장으로 인천공항 스마트공항팀과 더불어 현재 승객들이 편리하게 이용하는 자동출입국심사시스템 개발과 실증사업은 해외출장 시마다 그 시스템을 이용하는 나에게 있어 영원히 잊지 못할 연구 사업이었다.

2021년은 인천공항 개항 20주년이다. 세계항공업계에서 인천공항의 성공사례는 레전드이다. 덕분에 세계 항공 관련 회의에서 공항 이야기가 나오면 어깨가 으쓱해진다. 대한민국 국민임이 자랑스럽다. 모두가 인천공항의 성공사례 덕분이다. 그동안 인천공항 성공을 위해 계획부터 건설, 운영, 정책입안자 그리고 공항 종사자분들의 땀으로 이루어진 노력의 결과이다. 모든 분들께 감사드리고 싶다. 이렇게 무에서 유를 창조했던 인천공항의 이야기는 우리 세대 그리고 후세들에게 들려주고 싶은 커다란 자랑이며 자부심이다. 20주년을 기념하여 건설에 참여하고, 경영을 하셨던, 그리고 매서운 기자의 눈으로 인천공항의 성공을 위해 힘을 보탰던 분들과 스무 살의 인천공항 이야기를 들려드리고 싶었다.

약력

서울대 환경대학원에서 육상교통을 공부하고 미국 메릴랜드주립대학에서 항공교통 박사를 취득하였다. 국책연구기관인 한국교통연구원 항공교통연구본부장. 부원장을 거쳐 현재는 국토부 산하 항공안전기술원 원장으로 재직 중이다.

인천공항의 경험,
페루 친체로공항을 짓다

도화엔지니어링 부사장 **민영기**

2020년 9월, 갑자기 인천공항 1단계 건설 사업 시 모시고 있던 이필원 전 부사장님의 연락이 있었다. 내년 2021년 3월 29일이 인천공항 개항 20주년인데 인천공항 1단계부터 3단계 건설 사업에 직접 참여한 민단장과 몇몇 사람이 모여서 책을 만들자는 것이었다.

1988년 서울올림픽 개최 준비를 계기로 1988년 4월 공항과 인연을 맺어, 1992년 인천공항 1단계 건설 사업부터 2018년 1월 18일 3단계 건설 사업인 제2여객터미널 건설 사업까지 직접 경험했다.

이필원 전 부사장님의 제안은 공항과 함께한 시간을 알아주는 것 같아 매우 고마웠다. 30년에 달하는 그 경험들을 책으로 쓴다는 것도 자랑스러운 일이기에, 함께 책을 만드는 것에 동의하고 출판 준비작업에 들어갔다. 그러나 현재 근무하고 있는 회사에서 갑자기 페루로 1년간 출장을 가라는 지시가 내려왔다. 적극적으로 참여하지 못할까 우려되어, 개항 전 함께 시험 운영을 한 인천공항시설자회사 윤영표 본부장님에게 합류 건의를 드렸다.

이후 페루의 친체로신공항 건설에 참여하기 위한 기술제안서를 직접 쓴 것은 물론, 현지 출장도 두 번이나 다녀왔다는 도의적 책임이 있었다. 회사의 지시를 거절할 수도 없어, 윤영표 본부장님의 무사 합류를 확인한 뒤, 2020년 10월 14일 페루로 1년간 출장을 떠났다.

페루 친체로신공항 건설 PM사업을 우리나라가 수행할 수 있었던 것은 인천공항 건설사업을 설계부터 운영준비까지 3차례 직접 수행한 경험 덕분이었다. 국내 최초로 해외공항 PM사업을 수주한 페루 친체로신공항 이외에도 라오스 르왕프라방공항과 베트남 롱탄공항의 건설 사업에도 참여를 준비 중이다. 인천공항을 건설·운영했던 경험은 이미 전세계로 퍼져나가, 공항 건설사업에 손을 보태고 있다.

건설 기간까지 포함하면, 인천공항이 만들어진 지도 벌써 30년이다. 그 긴 시간 동안 쌓인 공항 건설 및 운영 준비에 대한 기술 자료가 사장되는 것을 두고 볼 수만 없어, 자료들을 파워포인트로 만들어 한국공항공사 및 인천공항공사 직원들에게 제공하고 있다. 비록 이 책은 건설기술 내용이 많지 않고, 여러 사람의 입장이 모여 만들어진 책이지만, 공항 건설에 관여하였던 여러 선배님 및 후배, 동료들이 함께 읽어보기를 바란다.

약력

한양대학교 건축공학과를 졸업하고 인천국제공항공사의 건설기획단장과 운영준비단장. 미래사업추진실장으로 근무했다. 현재 도화 엔지니어링의 부사장으로, 페루 친체로신공항 사업 관리 업무를 수행 중이다.

세계 최고를 향해
뛰는 사람들

경향신문 전국사회부 부장 **박준철**

인천공항 건설이 한창이던 2000년. 인천공항 고속도로 개통 전이라 월미도와 율도에서 배를 타고 인천국제공항공사 직원들과 하루도 빠짐없이 인천공항을 들락거렸다.

삶의 터전을 빼앗긴 영종·용유도 주민들과 한솥밥을 먹으며 애환도 같이 했고, 인천공항 건설 노동자들의 어려움도 옆에서 지켜봤다. 무엇보다 세계 최고 공항을 만들겠다는 사명감과 신념을 갖고 향후 인천공항에 뼈를 묻고 싶다며 열정적으로 일하는 인천국제공항공사 공사 직원들의 눈물과 웃음도 함께 나눴다. 9년이라는 오랜 공사 끝에 2001년 3월 29일 인천공항이 문을 열었다. 개항 날짜를 잊지 못하는 건 나의 결혼기념일과 같기 때문이다. 탑승동과 2018년 제2여객터미널 개장도 옆에서 지켜봤다.

제2여객터미널 확장사업인 4단계 건설이 완공될 2024년에도 있을 것이다. 그동안 눈 크게 뜨고 감시자의 역할에 충실했다. 그러나 솔직히 칭찬엔 인색했다.

그런데 어느 순간 나도 모르게 주변 사람들이 인천공항을 비난

할 땐 불끈 화가 치민다. 인천공항과 오랫동안 동고동락을 하다보니 어느덧 '인천공항 사람'이 됐고, 어느새 '인천공항 예찬론자'가 돼 있었다.

인천공항은 나뿐만이 아닌 대한민국의 자랑거리이다. 해외에서 더 느낀다. 해외여행을 다녀본 국민들은 인천공항은 공기부터 다르다고 말한다. 넓디넓은 출입국장의 여유로움과 쓰레기 하나 찾아볼 수 없는 청결함, 그리고 친절함 때문이다. 쓰레기가 떨어져 있으면 누구랄 것도 없이 먼저 줍는 게 인천공항 사람들이다.

청춘에 인천공항을 만나 이젠 희끗희끗 흰머리가 보이는 지천명의 나이가 됐다. 언제까지나 인천공항이 성공하길 바라고 국민들로부터 사랑받길 소원한다. 그리고 인천공항이 그저 큰 구조물만이 아닌 많은 사람들의 땀과 노력으로 만들어졌고, 세계 최고를 위해 지금도 물심양면으로 뛰는 사람들이 있다는 것을 알아줬으면 좋겠다.

약력

동국대학교 사학과와 인하대학교 국제통상물류 대학원을 졸업하고, 현재 경향신문사 전국사회부에서 근무하고 있다. 기자 블로그 '박준철 기자의 에어포트 통신'을 운영하고 있다.

새로운 미래를 준비하여
국민들이 자랑스러워하는
인천공항의 가치를 만들어가길 기대하며

국회사무처 보좌관(정일영 의원) **윤영표**

공항에 대한 관심과 애정이 많으신 민영기·박준철·김연명·이필원님께서 시작한 『스무살 인천공항 이야기』는 이필원님께서 건강상 사정으로 민영기님은 집필 기간 중 남미 페루 공항 프로젝트로 장시간 자리를 비우게 되는 사유가 발생하여 본인이 대타로 들어와 미력한 힘을 보태게 되었다.

1991년 인천공항 타당성 조사 시점부터 영종도와 인연을 맺어 세계 최고의 공항으로 성장한 인천공항 근무 경험으로만 집필하신 내용에 대하여 조언을 하기 위해 오래된 기억을 되살리고 자료를 성실히 찾아보았다.

공기업도 창의적 노력과 혁신적 사고로 노력하면 공공성과 수익성 측면에서 민간 기업을 능가하는 가치를 창조할 수 있다는 가능성을 인천국제공항은 그간 보여 주었다.

인천공항은 신속하고 안전하며 편안한 서비스를 제공하면서 세계 최고의 공항을 만들어 고객과의 약속을 지켜왔다. 또한 윤리적 기업 경영 실천과 지역 사회는 물론 국가의 발전에 기여하고 책임

있는 공기업의 역할도 하여 왔다.

향후에도 새로운 가치와 신뢰를 제공하고 최고의 성과를 창출하며 투자자와 주주를 위해 공헌하기를 기대한다.

공항인은 스스로에 대해 자만심이 아닌 자신감으로 창의적 열정과 두려움 없는 상상력, 유연성, 불굴의 도전 정신으로 지속가능한 발전을 위한 끊임없는 노력에 응원을 보내고 싶다.

현실에 안주하지 말고 여기에서 멈춰서는 안 된다. 중국과의 항공 자유화 시대 도래, 북한의 영공을 활용한 러시아와의 경제 교류 확대, 인도, 인도네시아 등 동남아 경제 발전에 의한 항공 여객의 증가에 대비한 미래에 대한 꿈을 실현코자 하는 준비를 해야 할 시기이다.

미래의 공항인들은 할 일이 많으므로 온고이지신(溫故而知新)하여 새로운 꿈을 실현해 주기를 바란다. 미래를 준비한다는 것은 참 가슴 설레는 일이다.

약력

한국공항공사 · 인천공항공사 운영본부장을 거쳐 인천공항 운영관리㈜ 운영본부장. 인하대학교 물류대학원 겸임교수 등을 역임했다. 현재는 정일영 국회의원 보좌관으로 근무 중이다.

차례

머리말

제1장 꿈을 향한 도전

제2장 세계공항의 역사를 새로 쓰다

제3장 세계의 중심 글로벌 허브공항

제4장 인천공항 20년의 발걸음

부록

제1장

꿈을
향한 도전

새로운
세계를 향한 도전

인천타워, 여기는 아시아나 OZ3423,
공항에 접근하고 있습니다.
아시아나 3423, 3500피트로 하강하십시오.
예, 3500피트로 하강하겠습니다.
계속 접근하십시오. RWY 33R로 착륙을 허가합니다.
RWY 33R로 착륙하겠습니다.
- 2001.3.29 새벽 4시, 인천공항의 첫 관제 교신

대한민국의 오랜 숙원사업이었던 인천공항에 첫 교신이 들려왔다. 2001년 3월 29일 새벽 4시, 1분 1초가 숨가쁘게 흘러가던 긴장의 시간이었다.

인천공항공사 직원들은 김포공항에 있던 항공사의 장비와 시설, 집기들을 모두 이상 없이 인천공항으로 옮겨와야 했다. 김포공항에서 이루어졌던 비행기의 이륙과 착륙, 계류장의 모든 업무들이 그대로 빈틈없이 정확하게 인천공항에서 구현되어야만 했다. 개

2001년 3월29일 개항 첫날 인천공항에 안착한 아시아나항공 승무원들이 축하행사에서 기뻐하고 있다.

항 전날 저녁과 당일 새벽까지 긴장감을 놓을 수 없었다. 시스템의 불완전한 이전으로 인해서 비행기의 이착륙에 지연이 생긴다면 개항 실패는 물론 승객들에게까지 피해가 갈 것이 자명하기 때문이다. 철저하게 준비하지 않고 개항을 했다가 실패를 겪었던 외국 공항들의 사례만 보아도 알 수 있었다. 인천공항은 다행히 경찰을 비롯한 정부 모든 기관들의 전폭적인 관심과 지원으로 이삿짐 차량 914대가 동원된 대이동은 별다른 사고 없이 잘 마무리 되었다.

인천국제공항에 울려 퍼진 첫 교신 소리는 지난 IMF 외환위기로 힘들었던 국민들에게 보내는 희망의 메시지였으며, 대한민국은 새로운 세계를 향해 힘차게 도전하고 있음을 알리는 중대한 신호탄이기도 했다.

인천국제공항에 최초 비행한 대한항공 보잉 747기 승무원과 관계자들

　　인천공항의 완벽한 시스템은 항공사 관계자들에게 세계에서 가장 안전하고 편리하게 이착륙할 수 있는 공항이라는 찬사를 받았다. 출입국 여객들도 인천공항의 편리하고 쾌적한 환경에 감탄하며 앞다투어 칭찬과 축하의 메시지를 보냈다. 국내 언론에서도 TV와 신문 1면을 통해 인천공항의 성공적 개항 소식과 축하 보도를 내보냈다.

　　'실패는 성공의 어머니'라는 말이 있다. 다른 나라들의 개항 실패 사례들을 반면교사反面教師 삼아 치밀하게 연구하고 분석함으로써 인천공항은 한 치의 오차도 없이 무사히 성공적으로 개항할 수 있었다.

오 캡틴
마이 뉴 캡틴!

　　1990년, 서울에서만 40만 명의 관객을 동원한 영화 <죽은 시인의 사회>는 전 세계적으로 '오 캡틴, 오 마이 캡틴'이란 대사로 열풍을 일으켰다. 자유와 개성을 중시하는, 영화 속 주인공은 우리에게도 새 시대에 자유를 선물했다. 같은 해 6월, 자유의 바람을 타고 한국의 새로운 캡틴, 인천국제공항의 입지가 영종도로 확정되었다.

　　우리나라는 1980년대 말까지 외화유출 방지, 공산권 국가(북한) 주민과의 접촉 금지를 이유로 자국민의 출국을 제한했다. 국민들은 유학, 해외 취업, 출장 등 합당한 사유가 없으면 여권 발급이 불가능했기에 당시에는 여권을 발급받는 것 자체가 일종의 특권이었다. 특히 해외여행을 갈 수 있는 계층은 유산계급이거나 고위급 공무원 등으로 한정되어 있었다. 지금은 외교관만 쓸 수 있는 남색 여권이 당시의 일반 여권이었던 셈이다. 때문에 여권을 가지고 있는 사람들은 일종의 '민간 외교관' 대우를 받아왔다.

1992년 영종도와 용유도 두 섬을 연결한 위성사진. 연륙교만 보인다.

1988년 서울 올림픽 개최국이 되면서 대한민국도 세계적 추세에 발맞춰 1989년 1월 1일 해외여행 자유화가 선언되었다. 이제 누구나 자유롭게 여권을 만들어 해외에 나갈 수 있는 세상이 된 것이다. 해외여행 자유화로 인해 빗장이 풀리게 되면서 당시 국내 여행에만 국한되어 있던 관광산업은 급속도로 과열되는 양상을 보이기 시작했다. 그로 인해 해외의 관문 역할을 하던 김포공항은 기하급수적으로 늘어나는 수요를 감당하지 못 하고 새로운 국면을 맞이하게 되었다.

우선책으로 정부는 늘어난 수요를 감당하고자 김포공항을 확장하려고 했지만, 많은 제약 조건이 따랐다. 김포공항은 도심에 위치하고 있어 확장공사를 하려면 주변 토지 매입에 따른 보상비 그리

1980년대 중반 김포공항 혼잡을 방지하기 위한 〈환송은 가정에서〉 캠페인 광고

고 인근 주민들의 이주비용과 같은 경제적 부담이 크게 발생했다. 또한 항공기 소음 문제로 고통받던 주민들의 민원도 무시할 수 없는 등 많은 문제점이 지속적으로 야기되고 있었다. 이에 정부는 고소음 항공기 운항 금지, 심야시간 운항 및 정비 금지 등 문제를 해결하려는 특단의 조치를 펼쳤으나 결과는 역부족이었다. 그리하여 김포공항 인근 부지를 매입하는 자금으로, 소음으로부터 자유로운 보다 넓은 부지에 공항을 새로 건설하는 것이 적합하다는 방안이 등장했다.

정부는 1989년 1월 수도권 신공항 건설 방침을 결정하고 1989년 6월부터 1990년 4월까지 건설 입지 선정을 위한 여러 번의 타당성 조사를 실시하였다. 신공항 후보지 선정 기준은 서울을 중심으로 반경 100km 이내에 위치한 지역으로서 공역, 장애물, 제한 요건, 기상 조건, 지형 조건 등 공항으로의 접근성, 환경적 영향, 토지 이용, 장래 확장 가능성, 지원시설 확보의 용이성, 공항 건설 비용 등 10개의 주요 항목이었다.

후보 지역은 수도권 인근 경기도와 충청남도에 위치한 22개 지역이었다. 예비 조사 결과 영종, 시화 1·2, 송도, 송산, 이천, 발안 등 7개 후보지로 압축되었으나 다른 곳보다 시화 지구와 영종도가 갯벌에 위치한다는 장점은 물론 지형조건, 기상, 장애물 제한 요건 등 많은 부분이 비슷하게 평가되어 최종 입지를 두고 마지막까지 각축을 벌였다.

그러나 시화 지구 북쪽은 바다이고 남쪽은 육지이기에 잠재적인 항공기 소음 피해가 예상되었으며 주변에 오산, 수원, 평택 등 군 비행장이 위치하고 있어 운항에 지장을 초래할 가능성이 높았다.

또한 영종도보다 수심이 2m 가량 더 깊어 지반 조성 공사비도 증가한다는 문제가 예상되었다. 이 같은 이유로 인해 최종 입지는 인천 중구 영종도로 결정되었다.

결국 정부는 수도권 신공항 건설에 필요한 입지 조건으로 소음 피해가 없고 24시간 운영이 가능한 해안이나 해상을 선택했다. 그리고 사업을 구체화시키는 과정에서 국제사회의 변화에 효과적으로 대처해야 한다는 의견이 제시되었다. 동북아 경제권에서 한국

경제의 발전과 위상에 부합하는 세계적 수준의 허브공항이 요구된다는 것이다. 새로 건설되는 신공항이 단순히 국내 항공수요를 충족시키는 수준에 머물러서는 국제적인 경쟁력을 갖추는 데 한계가 있다고 판단했기 때문이다. 특히 거대한 경제 블록으로 변해버린 전 세계 국가들은 항공 시장을 선점하기 위해, 허브공항을 노리며 신공항들을 건설하고 있었다.

대한민국 정부는 항공 물류 수송 체계를 선진화하여 미래에 수출 주도형 국가로 자리 잡을 수 있고 세계 항공 시장을 선점하는 미래 역점 사업은 세계 신공항으로의 도약이라 판단했다. 공항 물류 시설 확충이 곧 국제 항공 시장 경쟁력으로 이어진다는 분석을 도출한 것이다. 정부의 새로운 공항 건설 계획은 이를 발판 삼아 국가 경제발전을 이루고 나아가 세계 경쟁력을 갖추겠다는 강한 의지를 담은 포석이라 해도 과언이 아니다. 결국 정부는 세계 항공 시장의 경쟁력을 확보하고 세계 경제의 흐름에 한발 앞서 나가기 위해 인근 공항들을 하나로 연결하고 환승 능력을 높이는 신공항 건설 계획을 수립하고자 했다. 이러한 배경 속에서 인천국제공항은 동북아 물류의 거점 역할을 담당하는 허브공항으로 설계된 것이다.

"이곳에 공항이 건설된다면 후손들은 대대손손 세계로 뻗이 나아갈 수 있을 것입니다."

풍수지리 전문가인 최창조 교수는 1995년 4월 영종도 지역을 둘러보고 영종도는 양기가 강해, 후손들이 이 땅을 통해 세계로 나가게 된다면 한민족의 정기를 널리 떨칠 수 있다는 풀이를 하였다. 풍수지리는 과학적으로 증명되지 않은 미신이라는 논란이 있지만 '공항의 입지에 최적인 장소라고 설명'함으로써 많은 사람들의 공감을 불러일으켰다.

당시 최창조 교수는 공항 건설을 반대하는 환경관련 단체로부터 힘을 보태달라는 요청을 받고 있었다. 인천공항 건설은 처음 도입되는 최첨단 공법이 많았기 때문에, 여론의 미심쩍은 눈길과 성공을 확신할 수 없는 음모론에 시달리고 있었다.

현장 사람들은 물론 국민들까지 눈을 가늘게 뜨고 인천공항을

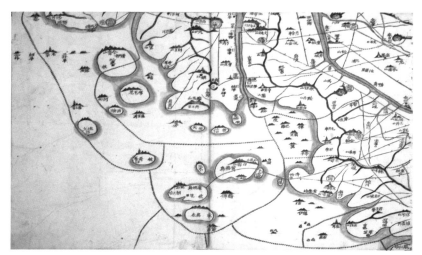

신증동국여지승람에 나오는 영종도와 용유도 지도

주목하던 시기에, 영종도는 '천혜의 공항터'라는 풍수전문가의 확신에 찬 발언은 공항 건설을 반대하는 환경단체의 눈살을 찌푸리게 했다.

풍수지리뿐만 아니라 '영종도'라는 지명에서도 공항으로 최적의 입지임이 확인된다. 용이 물 위에서 놀고 있는 형상과 비슷하여 용유도龍游島라 이름 붙여진 섬과 끝없이 펼쳐진 드넓은 긴 마루의 섬 영종도永宗島. 오래전 조상님들이 붙인 '영종도'라는 지명의 뜻풀이를 보면, 마치 후대에 이르러 영종도에 공항이 건설될 것이라는 선견지명을 가지고 있었던 듯하다.

영종도의 지명은 1300여 년 전, 신라 문무왕 때 원효대사가 백운산에 창건했다고 전해지는 고찰 용궁사에서 유래됐다. 고려 시대 중국 송宋나라 사신들이 배를 타고 흑산도와 위도, 선유도, 태안 안흥정을 거쳐 영종도 경원정에 머물다가 예성강을 통해 개경으로 들어갔다는 기록도 있다. 당시 영종도는 국제 무역선이 왕래하던 항구였고 교통 중심지 역할을 했다. 경원정은 이후 태평루로 개칭 되었다가 1875년(고종 12년)에 일본의 군함 운양호의 포격으로 파 괴되어 사라졌다.

'영종도'는 조선시대 지리서인 관찬지리지와 조선시대의 인문 지리서인 신증동국여지승람東國輿地勝覽에서 자연도紫燕島라 명명 하고 있다. 자연紫燕은 말 그대로 '자줏빛 나는 제비'라는 뜻으로 송나라 사신 서긍이 지은 고려도경에서 처음 모습을 보인다.

경원정이 세워져 있는 산 동쪽 한 섬에 제비가 많아 자연도라 불 렀다는 이야기가 내려오지만 영종도라는 이름을 살펴보면 길 영 永, 마루 종宗, 섬 도島 즉 긴 마루를 가진 섬이라는 뜻을 가지고 있 다. 자연도와 영종도의 이름들을 현대적 관점에서 해석해 보면 제 비는 항공기, 긴 마루는 공항의 활주로를 떠올릴 수 있을 것이다.

영종도와 공항의 연관성은 또 있다. 영종도 북쪽에 위치한 응도 는 매섬이라 불렀던 곳으로 매는 흔히 항공기를 가리키는 말로 쓰 인다. 여기에 더해, 영종도에 위치한 운중동에는 잠자리를 뜻하는 잔다리 마을이 있으며 운서동은 금승金蠅이라 하여 쇠로 된 파리 를 뜻하고 있어 이들의 지역명에서 오늘날의 항공기를 연상할 수 있다. 자연도에 위치한 경원정 역시 오늘날 국빈을 맞이하는 기능

인천공항 교통센터와 여객터미널 전경은 여행객의 가슴을 설레게 한다.

을 수행하는 인천국제공항의 역할과 유사하다고 볼 수 있다.

이와 같은 유구한 역사를 간직한 영종도가 세계 항공 허브의 건설 입지로 선정된 것은 당연한 결과일지도 모른다. 영종도가 인천의 옛 이름 제물포濟物浦 즉 '물건을 건네던 포구'라 불렸다는 것만 보더라도 영종도에 인천국제공항이 자리를 잡게 된 것은 결코 우연이 아닐 것이다.

신공항 건설을 두고 여러 문제점이 있었던 시기, 영종도에 얽힌 이러한 역사적 사실은 건설 종사자들에게 최고의 공항을 만들겠다는 신념을 불어넣어 주는 명분과 든든한 뒷받침이 되었다고 볼 수 있다.

자애로운 어머니 영종도
천혜의 조건

2014년, 한국 역사의 위대한 위인 이순신 장군을 다룬 영화 <명량>이 탄생했다. 영화 <명량>은 순식간에 천만 관객을 돌파하면서 이순신 신드롬과 더불어 국민들에게 커다란 민족적 자긍심을 불러일으켰다. 명량해전에서 이순신은 바다의 조류를 이용해 조선의 소수 병력으로 일본의 대군을 격파한다. 이는 이순신의 뛰어난 지략을 엿볼 수 있는 부분이면서 동시에 서해의 조류가 빠르고 변화무쌍하다는 것을 알려주는 중요한 역사적 기록이기도 하다.

우리나라 서해는 조류의 유속이 빠르고 바위를 휘감아 소용돌이치는 것으로 유명한데, 명량의 울돌목 말고도 서해 곳곳에 이러한 곳이 존재하고 있다. 서해의 악명 높은 조류는 인천공항 건설에 만만치 않은 장애물이 될 것이라는 사실은 불 보듯 뻔했다.

인천공항의 본격적인 건설은 부지 조성 공사에서부터 시작한다. 부지 조성 공사는 썰물 때 경계선을 막아 방조제를 쌓고 지반을 다

남북 측 방조제 17km 완공된 후 각계각층에서 방문한 전문가들

지는 것이다. 조수간만의 차가 심한 서해에서의 작업은 빠른 유속을 견뎌낼 수 있는, 방대한 양의 방조제 골조공사를 필요로 했다.

골조공사는 그냥 돌이 많은 곳에서 적당한 돌을 가져다 둑을 막는 것이 아니다. 골조공사의 성공 여부는 파도의 저항에 강한 암반이 방조제의 역할을 수행하면서 얼마나 버텨주느냐에 따라 결정된다. 인천공항의 경우 면적이 워낙 방대하다 보니 초기 공사비용이 어마어마하게 발생될 것이라는 예측이 있었다.

방조제에 맞는 좋은 암반은 대부분 육지에서 공급받아 공사를 추진하기 때문에 자재 수송에도 문제가 있었다. 영종도는 섬이기에 육지에서 자재를 배에 싣고 운반하는 과정이 필요했다. 제대로 된 다리가 있다 하더라도 운송 비용에서는 큰 차이가 없었다. 이에 공항공사는 영종도 지질조사와 토지조사를 실시하여 영종도 내에서 자재를 해결할 수 있는 방안을 찾았다.

국제민간항공기구ICAO에 따르면 활주로 건설은 중심 반경 4km 인근은 높이 45m 이상의 장애 구릉지대가 있으면 이를 제거하도록 권고하고 있다. 영종도에 건설되는 인천공항은 주변 반경 4km 내외에 삼목도와 신불도가 포함되어 있었다. 두 섬은 모두 바위산이었는데, 두 섬 모두 암질이 방조제 공사에 사용뿐 아니라 다른 용도로 사용해도 될 정도의 우수한 암반이었다.

방조제에 쓰이는 암반은 파도를 막는 것이 주된 목적이기 때문에 강도가 높아야 하며 많은 양을 필요로 한다. 다행히도 삼목도와 신불도의 암반은 유독 더 단단하여 바위만 가지고도 충분히 방조제를 만들 수 있었고, 공사에 사용되는 콘크리트 생산용 재료로도 사용이 가능했다. 항공기 안전 운항을 위해 어차피 제거해야 할 지형이었고 산을 깎으면서 나온 재료로 방조제도 만들 수 있었으니, 일거양득의 효과와 함께 공사비용을 절감할 수 있었다.

영종도의 갯벌 또한 공사비를 절감할 수 있는 요인이 되었다. 방조제 외곽은 지금도 6~7km까지 갯벌이다. 갯벌은 태풍이나 해일이 와도 방조제에 피해를 주지 않으므로 공항의 부지로서는 최적의 장소임에 틀림없다. 갯벌은 너울성 파도, 해저 지진으로 인한 쓰나미와 같은 천재지변이 일어나도 충격을 흡수하는 기능을 가지고 있다. 따라서 향후 혹시 일어날 천재지변에 대비해 따로 공사할 필요가 없다는 장점이 있는 것이다.

조경 부분에서도 경비 절감을 할 수 있었다. 아파트나 공공시설물을 시공하는 건설 현장을 가보면 녹지 조성과 조경공사 작업 현장을 볼 수 있다. 건설에 있어 녹지 조성은 필수 항목이다. 건축의 역사가 발전해 오면서 사람이 쉴 수 있는 공원 조성과 자연친화적 건설은 점점 대세를 이루고 있다. 미래로 도약하는 인천공항에서도 녹지 조성은 뺄 수 없는 부분 중 하나였다. 인천공항의 전체 부지면적인 총 4,742만 8천㎡(1,437평)에서 그중 10%만 녹지를 조성한다고 해도, 그 많은 나무와 조경에 필요한 것들을 어디서 가져와야 할지 막막한 상황이었을 것이다.

녹지 조성에서 조경수는 필수 항목인데 조경수는 나무의 나이에 따라 가격도 천차만별이고 다른 부수적인 나무들까지 합한다면 많은 비용이 소모된다. 이 골치 아픈 녹지 조성 문제를, 앞서 골조공사에 있어 효자 노릇을 한 신불도와 삼목도가 해결해 준 것이다. 골조로 사용된 암반을 제거하니 자연스럽게 나무만 남았다. 그리하여 두 섬에 있던 수목들은 그대로 보존했다가 조경수로 옮겨 심음으로써 적은 비용으로도 녹지를 조성할 수 있게 되었다.

부지 매립 비용 또한 갯벌의 장점을 살렸다. 서해는 조수간만의 차가 심한 곳이어서 방조제 공사가 필요하다. 막상 방조제 공사를 마치고 갯벌에 있는 물기를 걷어낸 후 모래와 흙을 어느 정도 채워주니 금방 부지가 만들어졌다. 결국 영종도가 본래 가지고 있는 천

인천공항 북측 유수지 인근의 인스파이어 리조트 조감도

혜자원은 인천공항을 만들기에 너무나 좋은 환경이었다. 영종도는 마치 인천공항을 낳기 위해 아낌없이 나눠주는, 자애로운 어머니와 같은 존재였던 것이다.

완공 이후에 가격을 추산해본 결과 매립사업으로 지어진 일본의 간사이공항은 3.3㎡(평당) 300만 원, 홍콩의 첵랍콕공항은 3.3㎡ 170만 원과 비교했을 때 영종도의 공사비용은 3.3㎡ 14만 원이었다. 물론 갯벌을 막고 그 위에 토목공사를 하면 침하 우려가 있다는 문제점을 지적받기도 했지만 그것은 기우에 불과했다.

침하 문제가 논의된 것은 바다를 매립하여 건설한 일본의 간사이공항이 예상보다 더 많이 침하 되어 추가 예산이 들었던 사례가 있었기 때문이다. 실제로 일본의 간사이공항은 인천공항의 매립

인천공항 하늘 정원에 피는 꽃들은 항상 여행객을 환영한다.

사업과 비슷하게 지었지만 침하의 피해가 매우 컸다. 이유는 암반
의 차이였다. 간사이공항은 상부 암반층과 하부 암반층 사이에 연
암층이 샌드위치처럼 끼어 있어, 지속적인 압력이 가해지자 연암
층이 충격을 받아 계속 침하 되었던 것이다. 그러나 인천공항은 지
하 35m 부근에 강한 암반층이 있었다. 여객터미널 건물은 암반층
까지 강관 파일을 박아 건설하고, 활주로도 갯벌의 수분을 제거한
다음 105cm를 포장하였기 때문에 침하의 염려가 전혀 없었다.

그 결과 활주로의 경우 지난 20년간 침하량을 측량해도 당초 예
상했던 것보다 훨씬 침하량이 적었다. 인천공항은 출발 선상부터
달랐다. 항공기 운항의 소음 피해가 적으며, 24시간 운항이 가능하
고 강한 암반층이 버티고 있는 공항. 영종도는 그야말로 하늘이 점
지해준 천혜의 땅이라 말할 수 있다.

과학이
달아준 날개

바람이 불어오는 곳
그곳으로 가네

　감미로운 목소리와 함께 울려 퍼지는 통기타의 선율. 故 김광석의 명곡 '바람이 불어오는 곳'은 발표 이후 30년이 지나도록 꾸준하게 사랑받고 있다. 이 노래를 듣다 보면 요즘 같은 시절에 '바람에 내 몸을 맡기고' 훌쩍 떠나고 싶다는 충동이 들 것이다. 바람에 내 몸을 맡기고 싶은 마음은 사람뿐 아니라 비행기에도 해당되는 이야기다.

　비행기는 양력의 힘을 이용하며 이착륙한다. 때문에 바람의 방향은 공항의 입지를 결정하는 주요 고려 요소 중 하나이다. 일반적으로 활주로 건설은 바람이 부는 방향을 중심으로 설계된다. 비행기가 양력을 이용해 하늘로 올라가기 위해서는, 바람을 안고 이륙해야 한다. 또한 착륙 시에는 바람을 맞고 착륙하면 가속도를 줄이는데 도움이 된다. 때문에 국제민간항공기구의 지침에는 풍향이 연간 95% 이상 일정한 곳에서 평행 활주로로 공항을 운영하는 것이 좋다는 권고사항이 있다.

활주로 운영 시 가장 위험한 요소는 측면에서 부는 바람이다. 측풍은 이착륙 시 항공기 옆면을 강타하거나 회오리바람을 일으켜 자칫 비행기 사고로 이어지는 경우도 있다. 또한 측풍이 강한 곳에 공항을 짓게 되면 운영 면에서도 어려움이 있다. 측풍이 강한 곳의 활주로는 대부분 'V'자 아니면 'ㄱ'자 모양으로 건설되어 있다. 이는 측풍에 따른 위험요소를 피하기 위함이지만 활주로를 효율적으로 운영할 수 없다는 단점을 갖게 된다. 즉 한쪽 방향의 활주로에서 비행기의 이착륙이 진행된다면 다른 쪽 방향의 활주로는 비워두어야 상호 간 충돌의 위험성이 없기 때문이다. 그야말로 비효율적 활주로 운영인 셈이다.

반면 인천공항은 바람의 방향이 97% 이상 남북방향으로 불어 평행 활주로가 가능하다. 때문에 평행 활주로 2개로도 활주로 4개에서 5개의 효율을 낼 수 있는 곳이다.

성공을
향한 첫걸음

　허허벌판에서 시작된 포항 제철은 '영일만 신화'를 만들며 대한
민국의 제철 산업을 세계 5위로 끌어올렸다. 건국 이래 최대 규모
의 다공정 복합 건설 공사, 최적의 공항 운영 방식을 도입하고자
하는 대한민국의 항공 산업은 이를 진두지휘할 수 있는, 포항 제철
의 박태준 회장과 같은 강력한 리더를 필요로 했다. 당시 건설교통
부 초대 오명 장관은 신공항 건설을 성공시키기 위해 적임자를 물
색하던 중이었다. '인재는 인재를 알아보는 법'이라 했던가. 사람
보는 안목이 탁월했던 그는 뛰어난 리더를 알아보고 선택했다.

　인천국제공항공사 초대 강동석 사장은 국토교통부(구 건설교통
부) 장관의 사장 제의를 두 번이나 겸허히 고사하였다. 그러나 제
갈량을 얻기 위해 삼고초려를 마다하지 않았던 유비처럼 오명 장
관은 그에게 세 번째 요청을 하였고 결국 강동석 사장은 오명 장관
의 손을 잡았다.

首都圏新空港建設公團

RNATIONAL AIRPORT CONSTRUCTION AUTHORITY

IACA

수도권신공항건설공단 설립(중앙 좌측 초대 사장 강동석, 중앙 우측 건설교통부 오명 장관)

　　당시 한국공항공사는 김포공항은 물론 국내 14개의 공항을 관리하고 운영했다. 정부는 이러한 한국공항공사가 인천공항 건설까지 맡는다면 리더인 CEO가 인천공항 건설에 온전히 집중할 수 없을 것이라고 판단했다. 또한 한국공항공사의 주된 업무는 공항 운영이라, 건설에 필요한 외부 전문가를 영입하는 것도 원활하지 못했다. 그리하여 94년 한국공항공사 산하에 있던 신공항건설본부를 신공항건설공단으로 분리 발족하였다.

　　인천공항은 그동안과는 다르게 완전히 새로운 공항을 건설하고 운영해야 하는 사업이었다. 새 술은 새 부대에 담으라는 말처럼, 수도권신공항건설공단은 새 미래를 준비하는 열기로 가득했다.

　　이후 정부는 인천국제공항의 1단계 건설이 마무리 되는 시점에서 수도권신공항건설공단법을 폐기하고, 인천국제공항공사법을 새로 제정하여 수도권신공항건설공단이 인천공항의 운영을 담당하게 했다. 제1여객터미널 완공 이후, 4단계까지의 건설 공사를 지속적으로 이어가야 했기에 건설 경험과 지식을 가지고 있는 전문 인력의 확보가 필요했기 때문이다. 창조적 혁신과 도전 정신으로 사업을 추진해온 수도권신공항건설공단이 공항을 운영하는 것이 항공 산업의 발전을 위해 옳은 결정이라고 보았다. 또한 인천공항의 허브화를 위해 인천공항이 국제선을 전담하게 했다.

삼고초려 끝에 어렵게 영입한 강동석 사장의 리더십 아래, 시대의 변화를 예측하고 유연한 사고로 각종 항공정책을 시의 적절하게 수정한 결과 인천공항은 쾌속 순항을 할 수 있게 된 것이다.

인천국제공항공사의 창립 연도를 바로 잡아야 한다는 의견도 있다. 신공항건설공단이 1994년 9월에 출발했으므로 인천국제공항공사는 올해로 창립 22주년이 아닌 27주년이 된다는 것이다. 현재 공식적으로 인천국제공항공사는 1999년 창립된 것으로 되어있다.

단군 이래 초대형 국책 건설 사업과 운영, 미래를 예측할 수 없는 불안감은 초기 공항 건설 기본 계획에 많은 문제점이 있다고 시사하며 국회와 언론은 물론 국민들까지 비판과 우려의 목소리가 나오고 있었다.

수도권신공항건설공단(현 인천국제공항공사)의 초대 사장으로 부임한 강동석은 기존의 폐쇄적인 공기업 문화와 업무방식을 바꾸고 국민이 안심하고 믿을 수 있는, 건강하고 투명한 조직으로 거듭나기 위한 체질 개선을 단행했다. 이는 인천국제공항을 성공적으로 건설하기 위한 초석이었다.

그는 첫째로 "문제가 있다면 과감히 바꿔야 한다. 지금 우리가 건설하는 공항은 후손들이 오래도록 사용할 귀중한 자산이다. 기본 계획의 첫 단추가 잘못되었으면 공사도 잠시 중단해야 한다"라며 94년에 기본계획을 변경하겠다는 결단을 내렸다.

최초 공항 건설 계획에 대한 비판과 우려의 소리

둘째로 "세계가 가장 부러워하는 공항을 만들어야 하므로 건설 자재는 모두 세계 최고를 써야 한다. 우리가 그렇게 시작해야 국내 기업들도 좋은 제품을 만들어 내고, 그 기술력은 점진적으로 향상되어 가까운 미래에 기술을 수출하는 나라가 될 것"이라고 말하며 최고의 인천공항을 건설하기 위해 달리기 시작했다.

누군가는 당시에 이것을 허세와 낭비라고 생각했지만, 결국 첫 단추를 잘 끼워야 끝맺음도 좋다는 말이 지금의 인천공항을 통해 입증되었다. 실제로 인천공항 건설에 참여한 설계 회사와 건설사들 및 각종 기계장치를 제작해 설치한 회사들은 외국에서 많은 공사와 용역을 수주하고 있으며, 지금도 그들은 또 다른 성공신화를 이루며 나아가고 있다.

셋째로 "인천국제공항은 인천 영종도에 건설되고 있다. 지도부가 서울에서는 지휘와 건설을 동시에 진행할 수 없으므로, 여의도

1994년 11월 국민적 합의 도출을 위해 열린 기본계획 변경 공개 토론회

에 있던 본사를 영종도 현장으로 이전해야 한다"라고 지시했다. 사장 본인도 아내와 함께 건설 기간 동안 컨테이너 숙소에서 지내며 임직원들을 지휘했다. 현장 중심의 운영을 위해 솔선수범한 것이다. 하지만 진취적인 그의 경영방식만으로는 '인천공항'이라는 거대한 꿈을 이룰 수 없었을 것이다. 노력과 기회, 운이 따라주어야 하고 때론 좌절과 고통 속에서 직원들과 마찰도 감내해야 하는 시련 끝에 도달할 수 있는 것이기 때문이다.

그가 이룩한 거대한 꿈의 시작은 기본계획 변경안이었다. 1년이라는 긴 기간 동안 심사숙고를 하고 회사 내에서 수많은 회의를 거쳐 공청회를 열며, 여러 전문가에게 자문을 받아 1995년 마침내 기본계획을 변경했다. 그의 목표는 '미래를 꿈꾸는 공항'이었다.

기존에 실시했던 기본 계획 변경은 공청회를 먼저 개최해 국내 전문가를 초청하여 간단한 의견을 수렴하고 수정 보완하여 변경 절차를 진행하는 것이었지만, 그는 그런 형식뿐인 공청회는 하고 싶지 않았다. 세계 최고 공항에 어울리는 세계 최고의 전문가들에게 의견을 듣는 공청회를 열고 싶었다. 그러기 위해선 제일 먼저 직원들의 공감을 이끌어 내는 것이 필요했다. 그는 직원들에게 이번 공청회에, 미래 항공 산업의 변화를 잘 파악하고 있는 전문가와 창의력 있는 각국의 공항 전문가가 참여해야 한다는 내용을 피력했다. 수시로 아이디어 회의를 열어 직원들의 의견을 수렴하였으며 주야로 세계 최고 전문가를 어떻게 초청하여 공청회를 개최할 것인지 고민했다. 적당히 올린 직원들의 보고서는 과감하게 질책하고 노력을 쏟은 보고서는 칭찬을 아끼지 않으며 격려했다.

그의 열정에 직원들은 성의와 노력으로 보답했고 최고로 엄선된 전문가들을 초청하여 기존과는 다른 공청회를 열게 되었다. 당연히 세계적인 수준의 아이디어와 인천공항에 맞는 좋은 의견이 나오게 되었다. 그래도 혹시 공청회에서 놓친 부분은 없는지 재검토하고자, 임직원들에 국제민간항공기구는 물론 미연방 항공청 FAA 등을 찾아가 자문과 검증을 받아오게 하며 계속해서 변경안을 보완해 나갔다.

당시 실시한 기본 계획 변경은 내용뿐만 아니라 변경 절차와 형식에도 주안점을 두어 충실하게 추진되었다. 지금까지도 '95년 기본 계획 변경'은 그 누구도 할 수 없었던 용기 있는 도전이었다.

공청회를 통해 기본 계획 변경은 꼭 필요한 방법이라는 것이 증명되었지만, 다음 문제는 예산이었다. 일각의 부정적인 시각에서는 초창기 계획했던 것보다 추가 예산이 들어간다는 이유로 변경안을 비난하기도 했다. 자칫하면 예산을 탕진했다는 책임을 피할 수 없었다. 그러나 미래를 예측해볼 때, 지금 욕을 먹더라도 기본 계획 변경은 불가피하다 판단했다. 직원들은 기획재정부를 찾아가 적극적으로 변경 계획을 설명했다. "지금 관점으로 볼 때는 비용이 많이 들어가는 것처럼 보이나 공항이 완공된 시점과 그 이후를 생각하고 더 큰 미래를 감안한다면 오히려 저렴한 셈"이라고 설득했다.

하지만 아직 이룩하지 않은 꿈만 가지고는 설득하기 어려웠다. 그는 인천공항과 가장 가까운 기관의 임직원들부터 시작해 부정적 시각이 있던 정부 부처의 기관장까지 점진적으로 설득해 나갔다. 이러한 과정은 쉽지 않았지만, 임직원 모두가 현재의 판단이 적절한 조치임을 강조하며 혼연일체가 되어 정부를 설득했다.

훌륭한 임금 곁에 충신이 있고 훌륭한 아버지 곁에는 언제나 효성이 지극한 자식이 있다. 사장과 임직원 모두가 한마음이 되어 열정적으로 설득하니, 처음에는 불가능한 일처럼 보였지만 결국 정부 관계자들도 그들의 말을 믿고 지원하게 되어 최종적으로 기본 계획 변경은 통과되었다.

지금에 와서 돌이켜보면 그들이 해낼 수 있었던 가장 큰 성공 요

1999년 인천 영종도 가설동에서 인천국제공항공사 창립 현판식

인은 대한민국 항공산업의 미래를 반드시 자신의 손으로 만들어내고 실행하겠다는, 가슴속 깊은 사명감 때문이었다. 사명감은 자긍심이었고 애국심이었다. 또한 사장을 따르던 많은 젊은이들은 그가 가는 길이 옳은 길이라 믿었고 그렇기에 스스로 인천공항 건설에 청춘을 바쳤다. 그들의 노력과 헌신이 지금의 인천공항을 만들었다고 할 수 있다. 아울러 무모했던 기본 계획 변경을 지원해 준 당시의 국토교통부와 기획재정부 예산 담당자들에게도 감사를 표해야 한다. 정부 관계자들의 기본 계획 변경 승인이 인천공항의 창조적 변화와 혁신의 출발점이 되었기 때문이다.

장마전선이 북상하고 있다는 뉴스가 들려올 때면 우리는 집에서 장마를 동반하는 태풍을 맞이할 대비를 한다. 신문지를 준비해 창문에 물을 적셔 붙이고 다시 그 위에 'X'자 테이프를 붙이면서 혹시 있을 피해에 대비했다.

원자폭탄 만 배 이상의 에너지를 가지고 있다고 추정되는 태풍은 매년 늦여름과 가을 사이 한반도를 뒤집어 놓기 일쑤이다. 특히 건설 현장에서는 태풍이 오면 비상체제로 돌입하고 모든 중장비는 작동을 멈춘다. 만약에 발생할 유실물 손실과 종사자들의 안전에 만전을 기해야 한다.

건설 현장에서는 작은 나무 전체가 흔들리는 '흔들바람'(초속 8~10m)만 불어도 공사를 중지한다. 바람이 불 때 무리하게 공사를 강행하면 타워 크레인이 넘어가거나 다른 장비들이 쓰러져 인명피해로 확산될 수 있기 때문이다.

제1여객터미널과 연결되는 제1교통센터 골조공사

89년, 김포에서는 항공관련 행사를 진행하던 중 태풍의 영향으로 물탱크를 감싼 철 구조물이 떨어져 나가는 사고가 발생하기도 했다. 피해는 지나고 나면 자료로 남지만 현장에 있던 사람들에게는 훗날 트라우마로 남는다. 지나간 뉴스와 신문을 찾아봐도 지금껏 한국에서 발생한 태풍의 피해는 말로 형용할 수 없는 부분이 많다. 그러나 다행히 인천공항 건설에는 기우제나 기청제가 필요 없었다. 영종도로 북상한 태풍은 이렇다 할 피해를 주지 못 하고 지나갔다.

한창 제1여객터미널 공사를 진행 중이던 여름, 태풍이 북상한 적이 있었다. 우리나라에 상륙하는 태풍은 대부분 내륙으로 북상해 오다가 소멸하지만 인천까지 올라오는 경우는 거의 없었다. 그러나 10년에 한 번 있을까 하는 태풍이 1~2번 정도 인천공항 건설 현

인천공항 임직원들이 건설 기간 중 기거했던 임시 숙소

장 인근으로 접근한 적이 있었다.

제1여객터미널 지하 지반과 공동구, 철도 공사를 진행하고 있던 때였다. 태풍과 장마를 그대로 맞으면 공사가 끝도 없이 늦춰질 운명이었다. 아무리 건설 현장을 철저히 관리하고 대책을 강구한다 하여도 대자연의 위력 앞에서는 추풍낙엽에 불과했다. 다행스럽게도 태풍은 공사 현장을 비껴갔다. 인근 지역에서는 시간당 300mm까지 비가 왔었는데, 영종도에는 그 반절밖에 오지 않아 다들 긴장감을 덜며 다시 건설에 박차를 가할 수 있었다.

성공적인 공항 건설의 염원이 대자연의 신에게도 전달되었을까? 공사 기간에 공사 여건에 맞는 날씨를 제공하여 준 신께도 감사를 드린다.

그때 그 시절
영종도 주민의 삶

1980년대 저녁식사 시간, 밥과 김치만 있던 집도 접시가 동네를 한 바퀴 돌고 오면 어느새 따끈한 계란 프라이 몇 개와 잘 익은 총각무 두어 개, 고소한 참기름 냄새가 코를 간지럽히던 나물 무침으로 채워졌던, 네 것과 내 것을 가리지 않고 이웃의 정을 공유하며 살았던 시절이 있었다.

영종도 주민들은 포근한 정으로 유명하다. 영종도는 인근에 섬이 많아서 그런지 다른 지역의 섬사람들처럼 거칠거나 외지인에게 배타적이지 않았다. 이사 오는 사람들은 가족처럼 환영해 주고 요양 차 이주해온 사람들에는 건강을 빌어주었다.

인천공항 건설이 한창 진행 중이던 90년대에도 영종도를 경유하여 용유도나 무의도로 산행을 가던 사람들이 많았는데, 간혹 날씨 예측을 잘못하여 바람이 심하게 부는 날이면 배가 뜨지 못했다.

용유도는 물론, 인천에도 갈 수 없어서 발이 묶인 채 어쩔 수 없이 그곳에 하룻밤을 신세지게 되는 일이 많았다. 날씨가 좋아 배가 운항한다 해도 배의 상태가 양호하지 못해 운항이 지연되거나 취소되는 일이 많았다. 어쩔 수 없이 숙박을 하게 된 사람들이 생기면 섬 주민들은 따뜻한 식사와 잠자리를 내주었다. 주민들의 고운 마음씨 덕분에 영종도의 숙박업이 발전했다고도 볼 수 있다.

그들의 이러한 넉넉한 인심은 영종도라는 넉넉하고 풍요로운 자원이 있었기에 가능했으리라 생각해 본다. 예부터 영종도는 토지가 비옥하고 기후가 좋아, 식량의 자급자족이 가능한 곳이었다. 토질의 성분이 좋아 논농사는 기본이고 밭농사의 경작도 가능해, 쌀과 고추, 고구마 등의 잉여생산물을 육지로 반출해 판매하기도 했다.

특히 영종도 고추는 해풍과 태양의 영양분을 골고루 받아 맛이 좋기로 유명했다. 해산물 역시 굴, 김, 꽃게, 우럭, 광어, 농어 등 풍부한 어족 자원들이 있어 본인 스스로 열심히 일한다면 높은 소득과 풍요로운 삶을 영유할 수 있었다.

주말이면 영종도의 구읍 나루터에는 농수산물을 한데 모아 놓은 시장이 형성되어 많은 인파로 북적인다. 그 속에서 외지인과 물건을 흥정하며 살아가는 영종도 주민의 인심은 자꾸만 옛날의 따스했던 그들을 떠오르게 만든다.

나의 바다는
어디로 갔는가

"그만 돌아가시오!
내가 평생 살아온 터전인데 그깟 돈 몇 푼에 팔란 말이오!
우리를 영종도 자유인으로 내버려 두시오!"

91년 영종도는 인천공항 부지로 확정될 때부터 주변 부지 매입과 현지 주민들의 이주 계획을 세워 왔다. 당시 신공항 건설공사 직원들은 건설 입지가 확정되자마자 토지 소유자와 지역 주민 대표, 구청 직원과 공무원 등으로 구성된 건설 사업 보상심의 위원회를 만들어 보상 범위를 논의했다.

인천공항은 영종도와 용유도 사이를 매립해서 만든 부지로, 토지뿐만 아니라 어업권도 함께 보상해야 했다. 또한 인천공항 부지와 더불어 신공항 고속도로를 위한 다리(영종대교)까지 건설될 예정이라, 어업권에 대한 이중 보상이 이루어지지 않도록 더욱 신경을 써야 했다.

처음에는 바다에서 고기를 잡던 사람들과 갯벌에서 맨손으로 조

지역주민대표와의 선진공항 현장 답사
① 첵랍콕공항 건설 현장 ② 첵랍콕공항 주변 신도시 시찰 ③ 첵랍콕공항 간담회

개를 캐던 사람들이 크게 반발했다. 일평생 바다 덕분에 먹고 살았는데, 바다가 막히면 어떻게 먹고 사느냐는 것이었다. 돈 몇 푼에 삶의 터전을 파는 법은 없다며 강경하게 반대하던 주민은 물론, 영종도가 떠나가라 '결사반대!'를 외치던 주민들도 적지 않았다. 심지어 유령 단체나 개인이 더 큰 보상금을 위해 주민들을 선동하는 경우도 있었다. 서로의 이해 부족으로 현장사무실에 드러누워 업무를 방해하던 사건도 있었기에, 당시 인천공항 보상 담당자들은 진땀을 흘리며 업무를 볼 수밖에 없었다.

상황이 악화되어 가자 이를 해결할 방편이 필요했다. 이에 인천공항공사 보상 담당자들은 성난 주민을 돈으로만 해결하려 하지 않고 인간적인 방식으로 접근하려고 노력했다. 주민들과 만나 대화로 그들의 이야기를 들어주고 객관적인 해결의 실마리를 가지고 그들을 설득했다. 묵묵히 최선을 다해 소통하며 대화를 이끌어가기 위한 방법을 택한 것이다. 그렇게 점점 시간이 지나고 계절이 바뀌면서 직원들에게 믿음을 가지는 주민들이 늘어나, 든든한 후원자가 되어주었다. 영종도가 육지와 다리로 연결되면 생활이 편리해지고 지역이 발전하게 될 것이라며 다른 주민들을 설득하는 사람, 어업권과 토지보상으로 생긴 자금을 발판으로 새로운 삶을 기대하고 스스로 격려와 위로로 용기를 불어넣는 사람도 있었다.

공항이 필요 없으니 나가달라고 소리치던 주민들은 몇 달이 지나자 오히려 고생한다고, 보상 담당자들에게 자기 집에서 자고 가라며 자리를 내주었다. 그러한 신뢰가 형성되었기에 어업보상과 토지보상이 완료되지 않았음에도 주민들은 보상 전 선 착공에 동의해주었다. 단군 이래의 초대형 국책사업을 우리가 믿고 도와주어야 한다는 어르신들의 조언과, 그 조언을 수용한 젊은이들의 마음 덕분이었다. 물론 인천공항도 그들의 마음에 화답하듯, 섬세한 보상으로 영종도 주민들의 생활을 보장해주었다. 배를 타고 고기를 잡던 사람에게 선박 보상을 시급한 것은 물론, 갯벌에서 맨손으로 조개를 캐던 사람까지 맨손어업 보상을 잊지 않고 지급했다. 특히 당장 살 곳이 없어지는 주민들을 위해 공항 근처에 이주 단지까지 조성하여 주민들의 생활을 도왔다.

그럼에도 불구하고
영종도

공항이 들어설 부지 조성 공사와 동시에 영종도 주민들을 위한 이주 단지가 지어졌다. 원래 계획된 이주 단지는 인천공항건설의 기본계획이 변경되면서 지금의 공항신도시 인근의 백년골 근처로 이동하게 되었다. 95년 기본 계획 변경은 주민들에게 불안감을 주었지만 인천공항공사는 주민들을 안심시키고도 남을 만한 단지를 조성했다. 영종도 주민들의 이주는 단지가 완공된 후 1년 안에 모두 완료되었다. 이주 단지는 단순히 사람들이 살 수 있는 건물만 지어진 것이 아니었다. 견고하고 이동이 가능한 단독주택 형 가건물과 주민들을 위한 학교와 종교시설, 마을회관, 휴게시설 등 마을을 통째로 옮겨 놓은 것처럼 심혈을 기울여 단지를 조성했다.

또한 이주 단지 조성 후 인천공항공사는 주민들의 생계를 위한 구체적인 대책을 마련해 일자리를 알선해 주었다. 인천공항공사나 시공업체에 취업 알선과 주민들이 소유하고 있는 중장비를 현

지역주민 및 공항 종사자를 위한 공항 신도시 건설

장에 투입하게 하고 건설 현장에서 반드시 필요한 차량 정비소와 운영권도 주민들에게 우선권을 제공하였다. 주민들은 비록 대대 손손 살던 곳을 떠나야 했지만 완전한 타지가 아닌 같은 섬에서 기존과 비슷한, 어쩌면 더 안정된 생활을 이어나갈 수 있게 된 것이다. 특히 어업이 생업이었던 주민들처럼, 새로운 일자리 터전을 잡기 어려운 주민들에게도 맞춤 보상이 이루어졌다. 농사지을 수 있는 땅이 줄고, 고기 잡을 수 있는 바다가 줄었으니 농업과 어업이 아닌, 상업으로도 먹고 살 수 있도록 상업 지구 안의 구역을 분양해 준 것이다. 당장 취업하게 해주는 단기 대책이 아니라, 인천공항 건설이 끝나도 계속 생계를 이어갈 수 있도록 해 주었다. 그야말로 주민들을 위한 장기적인 대책이었다.

제2장

세계공항의
역사를
새로 쓰다

2010년 밴쿠버 동계 올림픽, 웅장한 오케스트라 연주가 끝나자 관중들은 은반 위의 요정에게 찬사와 환호를 보냈다. 김연아는 '007 시그니처 포즈'로 쇼트 프로그램의 피날레를 장식했다. '트리플 러츠 점프'는 피겨 선수들 중에서도 완벽하게 구사하는 사람을 찾아보기 힘들다. 하지만 김연아의 트리플 러츠 점프는 '교과서에 실려도 될 만큼 정확하다'라는 극찬을 받으며 대한민국에 금메달의 영예를 안겨주었다. 세계 신기록을 기록한 피겨 여왕의 점프는 그냥 만들어지지 않았다. 2000번 넘게 빙판에서 넘어지고, 다시 일어나는 연습이 있었기에 '금메달' 점프가 나올 수 있었던 것이다. 특히 새로운 동작을 온전하게 소화하기 위해서는 수도 없이 넘어지고 울면서도 다시 일어나는, 혹독한 훈련의 과정이 필요하다.

단군 이래 최대의 국책 사업, 여의도 면적의 16배 규모이며 5,616만㎡(1,700만 평)의 부지 확보와 부지조성 공사, 그리고 496,000㎡

제1여객터미널 건물 지지를 위한 파일공사 현장

(15만 평)의 단일 건축 구조물 건설을 성공시키기 위해서는 수많
은 엉덩방아를 찧을 수밖에 없었다. 더군다나 1990년대는 밀레니
엄 공항을 위해 세계 각국에서 공항 선점에 열을 올리던 때였다.
처음으로 도전해보는 거대 공사와 세계 각국과의 경쟁까지 더해
져, 인천공항 건설 관련자들의 어깨는 더욱 무겁게 느껴졌다.

　앞길이 막막하던 시기, 초대 강동석 사장은 과감하게 빙판 위의
새로운 기술을 시현하고자 대안을 제시했다. 미래를 앞서가는 공
항을 위해 95년 기본 계획 변경과 99년 신공항 운영 수체를 바꾼
것이다. 1단계 사업인 제1여객터미널에 필요한 면적은 축구장의
약 40배 정도 크기인 375,000㎡이었다. 그러나 2단계 사업인 탑승
동과 여객 출입국 시설 및 수하물 처리 시설을 위한 면적을 제외하

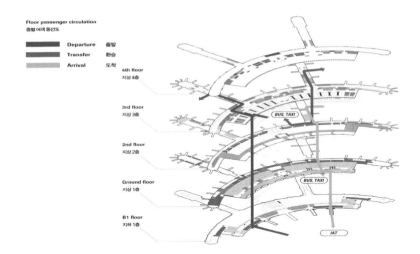

인천공항 제1여객터미널 층별 여객 동선도

고 여객터미널을 건설할 경우, 연결 부분에 대한 철거 공사비와 공사 중 여객의 불편이 있을 것 같다는 예측 결과가 나왔다.

효율적인 투자비 활용과 여객 불편을 최소화하기 위한 대책을 검토한 결과, 2단계 출입국 시설과 수하물 처리 시설에 대한 골조 공사 및 최소한의 마감공사를 제1여객터미널과 함께 건설해야 할 필요성이 대두되었다. 원래의 정부 방침은 제1여객터미널을 연간 여객 3천만 명이 이용할 수 있게 건설하고, 이후 항공수요 증가 추이를 보아 2단계 사업으로 탑승동을 건설하는 것이었다. 그러나 탑승동에는 단순히 여객기를 타고 내리는 시설과 상업시설만이 들어서는 것이었기에 제1여객터미널에는 탑승동 여객 및 수하물 처리를 위한 시설이 추가로 설치되어야 했다.

제1여객터미널의 좌, 우측을 증설하고 여객 동선을 위한 여객터미널 개선 사업이 필요했지만, 개항 이후 공사를 진행한다면 철거 및 시설 재배치에 대한 비용 낭비가 발생하고 공사로 인한 여객 서비스가 저하될 것이라는 판단을 하였다. 제1여객터미널의 규모를 2단계에 필요한 골조 및 최소한의 마감 공사에 필요한 면적 121,000㎡를 포함한 496,000㎡로 과감하게 변경하여 건설 사업을 추진하였다.

공항 건설 사업은 설계, 시공, 운영 준비(시운전) 등 크게 3단계로 나누어져 시행된다. 그중 설계는 매우 중요한 단계로서 많은 시간과 노력을 필요로 한다. 특히 전체 공항 건설 사업 기간 내 공항 건설을 완료하기 위해서는 전체 사업 기간 준수를 위한 노력이 설계 단계에 결정되어 추진되고 관리되어야 한다.

최신의 공정관리기법을 도입한다고 할지라도, 기본적인 사업 기간 단축과 적절한 설계 기간 확보를 위한 대책이 설계 단계에서 완료되어야 하기 때문이다. 또한 설계 단계에서 정해진 공정관리 계획에 따라 공항 건설 사업이 추진되어야 한다. 그러나 인천공항 건설 사업의 기본 계획 변경을 추진하면서 사업 기간이 부족하였다. 시간과 품질, 둘 중 하나를 포기해야 했던 것이다. 때문에 설계 품질 확보를 위한 방안으로써 설계와 시공을 병행하는 방식을 채택하자는 의견이 제시되었다.

인천공항은 1,700만 평을 매립하여 만드는 공항이라, 건설 부지

남측 방조제 물막이 공사 현장

를 확보하는 데 많은 시간을 필요로 했다. 부지조성 설계를 먼저 실시하여 부지조성 공사 기간 내에 토목, 건축 및 전기통신 등에 대한 설계를 실시해 공항 건설에 필요한 최적의 사업 기간을 확보하였다. 즉 1,700만 평의 부지 확보를 위하여 13km의 남북 측 방조제 설계를 먼저 실시했고, 방조제 공사 기간 중에는 부지조성 실시설계를 실시하여 부지조성 공사에 착수했다. 이후 토목공사인 활주로 유도로 및 도로 공사를 위한 설계를 순차적으로 설계한 후 시공하게 하여 만족스러운 설계 품질과 적정한 공사기간을 확보할 수 있었다.

특히 여객터미널 건축 공사는 496,000㎡이라는 거대한 규모 때문에 실시설계를 완료한 후 공사를 착수할 경우 3년에서 4년이라는

인천공항 제1여객터미널 모습

설계 기간을 별도로 확보하여야 했다. 때문에 일반적인 관점에서 보았을 때, 인천공항의 건축 설계는 2000년 말이라는 공항 건설 사업 기간에 맞추는 것이 불가능하다는 의견이 나왔다. 하지만 불가능하다고 해서 가만히 손을 놓고 있을 수는 없었다. 인천공항은 대형 국책 사업이었기에, 무슨 일이 있어도 공사 기간을 맞춰야만 했다. 강동석 사장은 부족한 사업 기간을 확보하기 위해 방법을 강구하느라 골머리를 앓던 차였다. 이때 사업 관리용역단이 강 사장에게 제안한 방식이 바로 Fast Track 방식(설계 시공 병행 방식)이었다.

당시 인천공항은 선진국에서 활용하고 있는 사업 관리 방식 Project Management System을 국내에서 최초로 도입하고, 사업 관리 회사로 한국전력기술주식회사와 미국의 파슨스사 및 ICT사를 선정

1995년 2월 신공항 기능 활성화를 위한 국제심포지엄

하여 1994년부터 선진 사업 관리기법을 전수받고 있던 중이었다.

　Fast Track은 여객터미널과 같은 초대형 건축공사를 시행할 때 설계가 완료된 공종부터 공사를 발주하여 시공하고, 다른 공종의 설계를 마무리하여 순차적으로 건설공사를 분리하여 발주하는 사업 방식을 뜻한다. 당시 인천공항 건설 사업은 정부가 아닌 인천공항공사가 시행했기에 공사 자체의 의사 결정으로 사업을 진행할 수 있었다. 때문에 Fast Track을 도입하는데 법적인 문제가 없었다.

　인천공항공사는 이러한 법적 검토를 거친 후, 기본설계도면으로 정부의 인허가를 받아 1995년 11월에 여객터미널 땅파기 공사에 착수하였다. 또한 땅파기 공사 중 파일 공사 설계 및 건축 골조 공사 설계를 마무리하여 공사를 발주하는 등 여객터미널 건설공사를 총 16개 계약 패키지로 구분하여 순차적으로 공사에 착수함으로써 2000년 6월 여객터미널 기본시설을 준공할 수 있었다. 인천공항은 준공 이후 운영 준비를 위한 각종 시험운영을 성공적으로 실시한 후, 2001년 3월 29일 04시까지 최종 공항 이전을 마무리하여 3월 29일 새벽, 최초의 여객기가 착륙하는 역사적인 순간을 맞이할 수 있었다.

특히 인천공항 건설 관계자는 Fast Track의 사업의 시행착오를 최소화하고 완전무결한 공사를 위하여 1/100과 1/50 크기의 모형을 사전에 제작하여, 간섭사항을 미리 발견하고 수정했기에 공정을 단축할 수가 있었다. 여객터미널의 길이가 1,059m이기에 1/100 모형을 사용한다고 해도 별도의 모형실이 필요할 정도였다. 이러한 실물 모형은 시공 3개월 전에 미리 만들어, 인천공항공사에서 자체 개발한 3차원 설계 검증 시스템에서 미처 발견하지 못한 개선 사항을 체크할 수 있게 하였다. 또한 건축설계를 직접 수행한 건축가가 모형을 보고 디자인 개선사항을 추가로 보완하는 등 총 1,700여 건의 개선사항을 시공 전에 보완하여 재시공 없이 바로바로 공사에 반영시킬 수 있었다. 이렇듯 인천공항은 당시 최첨단 기술인 디지털 기술과 아날로그를 융합시킴으로써 타 해외공항보다 차별화된 건설 기술력을 확보할 수 있었다. 빠르게 지으면서도 안전하고 세련된 기술들로 가득 찬 인천공항은 'Fast Track' 공법의 유용함을 전 세계에 알리기에 충분했다.

제1여객터미널 외장 공사를 마치고 내부 공사를 시찰하던 초대 강동석 사장은 제1여객터미널 좌우측의 3층과 4층 공사가 진행되고 있지 않아 관련 직원을 불러 물었다. 직원은 해당 구역은 2단계 사업인 탑승동 공사 착수 시점에 제1여객터미널 좌우 측 1, 3층과 4층 공사가 진행될 예정이라고 답변했다.

2단계 사업은 탑승동 한 동을 새로 건설하는 것과 여객터미널 좌우 측에 출국장(3층) 및 입국장(1층)을 설치하고 4층에 편의 시설과 식당가를 설치하는 것이 주요 건축공사였기 때문이었다. 제1여객터미널의 좌우 구역은 모두 2단계 사업으로 분류되어, 당시에는 가벽만 세워둔 상태였다. 그 상태로 개항될 경우 아직 완공이 덜된 모습으로 보일 수 있었고 공항 운영 중에 편의시설 부분이 비어 있는 모습은 보기에도 좋지 않았다. 만약 개항 전 공사를 진행하지 않으면 개항 후 공항을 운영하며 공사를 해야 한다는 부담감도 있

외장공사 마무리 단계의 제1여객터미널 모습

었다. 그렇게 되면 운영과 공사를 동시에 진행해야 하므로 관리 면이나 고객들 이용 면에서 더 많은 불편을 감내해야 했다. 고민을 마친 강 사장은 부분적 2단계 사업을 선제적으로 추진하자고 결정하고, 직원들에게 공사를 진행하라 지시했다.

당시 국토교통부는 이미 2단계로 예정되어 있는 사업을 1단계와 같이 추진하는 것은 예산 문제가 발생하며 공사의 확장으로 인해 개항 시기가 늦춰질 수 있다고 반대했다. 그러나 강 사장은 건설 부분까지 2단계 사업을 추진하겠다는 것이 아니라 여객터미널 좌우 측의 내부 공사만 진행하겠다고 설득해 나갔다.

인천공항은 동북아 최대의 허브공항을 목표로 만들어진 곳이다. 그러나 1단계 건설 당시의 인천공항은 허브공항으로서 면세

공항을 주제로 한 드라마 '에어시티' 제작발표회

점, 식음료점 등 편의시설이 부족한 부분이 많았다. 그렇다고 국고
가 들어가는 건설을 기본계획 변경 없이 마음대로 확장할 수도 없
는 노릇이었다. 그래서 공항의 비항공수익(면세점, 식음료점, 임
대업 등)의 증대 필요성을 검토하여 정부를 설득하는 데에 힘을 쏟
았다. 어차피 진행해야 하는 공사인 만큼 흐름을 끊지 말고 이어가
며, 예산도 절약하자고 설득했다. 한국교통연구원에 계획 변경과
관련된 연구용역을 발주하여 수행하는 등 우여곡절 끝에 허가가
났고, 상업 시설 공사도 무사히 진행되었다.

인천공항 직원들은 국책연구기관인 한국교통연구원의 전문 박
사(당시 연구책임자는 저자인 김연명 박사)들과 해외의 우수사례
6개 공항을 선정하여 파견하고 비항공수익이 큰 우수 공항의 성공
사례를 자료로 만들어 나갔다. 각 공항의 수요와 면세점 면적을 통

'2008년 문화와 예술의 혼이 살아 숨 쉬는 공항' 오픈식

계로 낸 자료는 비항공수익의 증가와 공항 수요를 증명하기 위해서였다. 지금 생각해보면 예측 능력과 뚝심이 없었더라면, 아마 인천공항의 자랑인 면세점이 이렇게 커지지는 않았을 것이다.

그렇게 오랜 고생 끝에 제1여객터미널에는 탑승동에 연결된 수하물 처리 시스템과 사무실, 면세점이 들어섰다. 또한 여객 편의시설과 함께 미래를 예측하며 완공해 갔다. 제1여객터미널은 비로소 허브공항다운 모습을 갖추어 나가기 시작했다.

양 보 할 수 없 는 품 질
더 욱 더 철 저 하 게

"우지직 하더니 갑자기 꽝 소리가 났어요."

20초 만에 멀쩡하던 다리가 뚝 떨어져 내렸다. 여느 때와 다름없이 출근길로 붐비던 1994년 10월 21일의 성수대교에서 쿵 하는 소리와 함께 교각 사이의 트러스(다리 상판)가 강으로 추락했다. 평소처럼 대교를 이용하던 차량은 그야말로 날벼락이었다. 특히 붕괴 지점에 걸쳐있던 16번 시내버스는 뒤집혀 추락한 후 상판에 충돌하는 바람에 31명의 탑승자 중 2명의 승객만이 살아남는 가슴 아픈 참사가 일어났다. 32명의 사망자와 17명의 부상자를 낸 성수대교 붕괴 사고는 국민들에게 큰 충격과 부끄러움을 안겨주었다.

그러나 불행하게도 재앙은 한 번만이 아니었다. 아직 성수대교의 슬픔이 가시지 않았던 1995년 여름, 또다시 부끄러운 사고가 발생한 것이다. 서울 도심 한복판에 위치한 백화점이 붕괴되는 참사

인천공항 건설 품질관리를 위해 첨단 장비를 이용해 측정과 계측을 하고 있다.

가 발생했다. 성수대교 붕괴가 출근길에 벌어진 참변이라면, 삼풍백화점은 퇴근길에 일어난 참사였다. 사람들은 서울, 그것도 강남 번화가에 위치한 백화점이 무너졌다는 것이 실감이 나지 않았다. 특히 삼풍백화점은 붕괴될 때 인근으로 파편이 튀고 먼지바람이 일어, 지나가던 행인뿐만 아니라 지역 일대의 사람들에게 큰 피해를 입혔다. 하루 일과를 마치고 퇴근하던 사람들에게는 그야말로 마른 하늘에 날벼락이있다. 약 1500여 명의 사상자와 2700여억 원의 재산피해를 가져온 삼풍백화점 참사는 안일함이 불러온 인재였다.

전문가들은 1년의 간격을 두고 일어난 거대한 두 참사는 이미 예견된 인재였다며 건설사의 부실 공사를 비난했다. 경제 호황기인 1980년대와 1990년대 초에 지어진 건물들은 물론, 현재 건설 중인 건물들에도 의혹의 눈초리가 서렸다.

한창 건설 중이었던 인천공항도 사회적인 의심과 우려를 피해 갈 수는 없었다. 성수대교와 삼풍백화점 참사는 조금만 더 신경 쓰고, 더 엄격하게 검토했다면 일어나지 않았을 수도 있는 사건들이었기에 신공항건설공단 직원들의 책임은 점점 더 무거워졌다.

인천공항은 앞서 일어난 비극을 되풀이하지 않기 위해 건설 현장에 보다 엄격한 시스템을 만들었다. 인천공항의 여객터미널은 철골 구조로 건설되어, 변형에 대한 것을 사체적으로 관리할 수 있었다. 특히 수시로 무거운 항공기가 뜨고 내리는 공항이기에 지진이나 하중에 대해서는 더욱 엄격한 관리를 했다.

인천공항은 토목공사가 한창 진행 중에 있었고, 여객터미널의 경우 패스트 트랙Fast Track 방식에 따라 굴토 공사 발주를 준비하던 시기였다. 이에 삼풍백화점과 같은 문제가 발생하지 않도록 하기 위해 설계도면에 대한 면밀한 재검토를 실시하였다. 특히 제1여객터미널 3층 체크인 카운터 지역은 폭이 89m, 길이가 600m인데다, 중간에 기둥이 없는 대 공간이었다. 때문에 공사 기간 중 체크인 카운터 지역에 소형 트럭이나 크레인이 직접 움직여도 문제가 없도록 구조물을 보강하고 특히 지진 및 강풍에도 문제가 없도록 설계도를 완전히 재정비하였다. 이와 같이 안전에 온 신경을 쏟은 결과 20년이 넘었어도 아무 일 없이 든든한 인천공항으로 남을 수 있었다. 또한 구조 전문가를 필히 공항 내에 상주하게 하여, 도면과 공사를 반드시 확인하게 하는 등 엄중한 노력을 다했다.

공사 현장은 거대한 태엽 시계와도 같아, 시시때때로 어느 한곳도 빠짐없이 조이고 기름을 쳐야 하는 곳이다. 그러나 철저한 관리를 하였음에도 불구하고 인천공항 건설에도 부분적인 문제가 있었다. 가끔 어쩔 수 없는 사고들도 발생하는 것이다. 제1여객터미널의 3층에 위치한 고가도로에는 자연채광을 위한 1.2m의 뚫린 공간이 있다. 당연히 공사 중에는 안전을 이유로 막아 두는 곳이지만, 귀신이 곡할 노릇인지 건설 근로자가 안전 마개를 걷어내고 그 구멍으로 떨어져 사망하는 사고가 발생했다. 공사를 진행하던 사람들에게는 그야말로 날벼락이었다.

제1여객터미널을 건설할 때에는 관계자들에게 일종의 징크스 같은 금기어가 있었다. 당시에는 매주 사장과 간부들이 모여 간부 회의를 했는데, 회의에서 안전에 대한 안건이 올라오기만 하면 그 주에 안전사고가 났던 것이다. 한두 번은 우연이라 생각할 수도 있지만, 안전 주제에 대한 안건을 더 많이 다룰수록 사고가 반복되었다. 때문에 간부 회의에서 안전에 대한 안건을 올리지 않기로 결정했다는, 웃지 못할 해프닝도 있었다. 그러나 안건에만 올라오지 않은 것이지, 현장에서 일하는 사람들과 간부들은 늘 안전에 신경을 곤두세우며 '안전한 공항건설'을 위해 노력을 다했다.

최고의 품질을 위한 건설
사업장 관리

생필품을 사기 위해 쇼핑몰에 들어가 몇 번 클릭하다 보면, 대부분 제품 설명에 적힌 'KS' 인증 번호를 발견할 수 있다. 'Korean Industrial Standards'의 약자이기도 한 'KS'는 말 그대로 한국산업표준 즉, 제품뿐만 아니라 제작 방법이나 시험도 규정하는 국가 표준이라는 것을 의미한다. 분류도 다양해서, 방사능 관리부터 식품, 항공 우주까지 온갖 부문에 규격이 규정되어 있다. 산업표준화는 개인이 만들어서 개인이 쓰던 가내수공업 시대가 끝나고 산업사회로 접어들면서 서서히 그 필요성이 대두되었다. 같은 물건을 각자 다른 기준으로 만들어 판매할 경우, 소비자에게 금전적 피해는 물론 안전상의 피해가 갈 수도 있기 때문이다.

특히 건설업이나 제조업은 산업표준화가 반드시 필요했다. 때문에 한국산업표준, KS는 1960년대에 공업표준화법이 제정된 이후 가장 먼저 백열전구, 연탄, 비누, 안전모, 성냥과 같은 물건부터 규격

여객터미널 건설 현장을 방문한 외부 인사들이 기념사진을 찍고 있다.

화하기 시작했다. 이후 한국산업표준은 건설업에 쓰이는 콘크리트,
철강, 공작기계, 전자부품과 건축물 자재에도 규격을 만들었다.

우리나라의 건축법은 3층 이상, 500㎡ 이상의 건축물은 무조건
KS 인증을 받은 자재들로 건설하도록 정해져 있다. 인천공항은 3
층은 물론 500㎡도 훌쩍 넘어가는 496,000㎡의 거대 건축물이다.
때문에 당연히 KS 인증을 받은 한국 규격에 적합한 자재로 공항을
지어야 했지만, 건설 현장에 나와 있던 강동석 사장은 한국 규격만
을 적용하지 말라고 했다. 우리나라 규격인 KS 규격은 물론 국제
적으로 사용되는 미국재료시범협회American Society for Testing and
Materials:(ASTM) 규격도 적용하고, 공사 시방서의 경우 미국 시방
서협회Construction Speccification Institute:(CSI)규격에 맞게 작성하
자고 제안했다. 특히 공항의 품질, 안전 및 환경의 경우 국제규격

IMF 시기인 1998년도 제1여객터미널 건설 공사 모습

인 ISO 인증을 받아 건설사업을 추진하라는 결정을 내렸다.

국제규격인 ISO는 특정 정부의 소속이 아닌 비정부기구이지만, 전 세계에 많은 회원국이 가입되어 있어 전 세계가 고객인 기업들에게 ISO는 선택이 아닌 필수였다.

제1여객터미널 공사가 진행 중이던 1990년대 후반에는 성수대교와 삼풍백화점 붕괴라는 비극적인 상황에서 새로운 공법인 인천공항의 패스트 트랙은 국민들 눈에는 무리한 도전으로 보였을 것이다. 국민들의 불안을 잠식시키기 위해서는 건설을 완벽히 완수하기 위한 새로운 관리 제도가 필요했다. 따라서 인천공항은 당시국내에서는 낯선 개념이었던 사업 관리Project Management:PM 제도를 도입하여 사업 관리 전산 시스템으로 프로젝트를 철저히 관리하기 시작했다.

　인천공항 측에서 일일이 공사가 잘 되고 있는지 확인하려면 너무 많은 시간과 인력이 든다. 하지만 사업 관리 제도를 도입함으로써, 시공과 감리를 수행하는 약 100여 개 이상의 계약 패키지를 종합적으로 관리하는 부서가 따로 생긴 것이다. 당시의 현장직과 관리직 모두 사업 관리 제도 덕분에 공사가 제대로 진행되고 있다는 믿음을 가지고 각자의 일에 전념할 수 있었다.

　다른 한편, 공사 직원들은 품질 관리와 사업 관리의 원활한 전산화를 위해 절차를 자세히 기록할 수 있는 문서를 도입했다. 국제 표준 규격으로 진행되는 공사이니, 절차서를 만들어 도면 작성을 편리하게 하고, 후대에 기록으로 남기자는 취지였다. 건설 관련 절차서는 이미 80년도 초반, 원자력발전소 건설에 도입되었다. 안전성이 보장되었기에, 기존에는 건설 분야에만 존재하던 업무 절차서를 인천공항에도 거침없이 도입하였다. 또한 인천공항은 설계사마다 자체 기준에 의한 컴퓨터 프로그램으로 작성한 설계도면(CAD 도면)의 표준화를 위하여 도면 작성 시 사용하는 선의 굵기, 색상 등에 대한 170여 개의 기준인 설계통합기준서를 마련했다. 모든 설계사 및 시공사에 설계통합기준서를 적용해, 어떤 설계사가 도면을 그리든 바로 다른 설계사가 그린 도면에 맞춰볼 수 있게 한 것이다.

제1여객터미널
건축 설계의 표준화

건축 설계는 마치 얇은 크레이프 케이크처럼 겹겹이 펼쳐놓아 최종적으로 촘촘하고 완벽한 설계도면을 만들어 내는 것이다. 골조 도면 위에 마감 도면을 겹쳐보고, 그 위에 소방 시설이 들어가는 소방 도면을 다시 겹쳐보는 방식으로 진행된다. 그러나 인천공항 건설 당시에는 각 설계사무소마다 규격이 제각각인 도면을 제공해 시공사나 인천공항공사 직원들이 애먹는 부분이 많았다.

인천공항의 건설 사업은 패스트 트랙에 의해 시행되었다. 시간을 단축하는 공법에서 통합설계도면이 아닌 도면들은 가치가 없었다. 따라서 인천공항은 설계 통합 기준서를 만들고 이에 적합하지 않으면 설계 도면 접수 거부는 물론, 기성금 지급을 유보하는 정책을 펼쳤다. 돈과 시간이 걸린 문제이니, 설계사 및 시공사들은 기준서대로 도면을 새로 그리는 수밖에 없었다.

1998년, 인천공항공사는 설계 도면의 표준화를 기반으로 3차원 설계 검증 시스템을 자체 개발하는 성과를 이뤄냈다. 기존의 설계 도면은 건축 골조 도면, 건축마감 도면, 기계 도면, 전기 도면, 정보통신 도면 및 소방 도면 등을 전부 펼친 후, 사람이 일일이 건물의 높이나 배치를 확인해야 했다. 그러나 3D로 도면을 설계하면 설계 도면의 X 축이나 Y 축뿐만 아니라 Z 축까지 볼 수 있어, 시뮬레이션을 쉽게 만들 수 있었다. 이렇게 만들어진 3D 도면 시뮬레이션은 설계 도면 간의 겹치는 부분이나 간섭사항을 시공 전에 수정할 수 있어, 시공 시 오류를 방지할 수 있었다. 예를 들어 스프링클러가 들어가야 할 자리를 형광등이 막고 있다거나 하는 오류를 공사하기 전 시뮬레이션으로 찾아내어 공사기간 단축 및 품질 확보에 크게 기여한 것이다. 다만 아쉬운 것은 공사가 워낙 방대하고 오랫동안 진행되다 보니, 시설들 전체가 통일되어 있지 않다는 점이다. 인천공항공사에서 직접 시행하는 건축시설에 대해서는 디자인과 색상을 통일시킬 수 있었으나 민간 기업이 주도하여 건설한 화물 터미널, 항공기 정비고, 캐터링 센터 등은 통일되어 있지 않다. 또한 민자 유치 시설과 국제업무지역에 들어가는 호텔과 오피스텔도 하나의 통일된 기준을 적용시키지 못했다. 다소 아쉬움은 있지만 이러한 경험들은 미래에 제2의 인천공항 건설이나 기술 수출의 기회가 있을 때 시행착오를 보완하게 하고 대한민국의 공항 산업을 더욱더 발전시킬 수 있는 토대가 될 것이다.

외환위기
희망을 불러온 인천공항

*정부는 국제통화기금 IMF에 구제금융을 신청하기로 결정
했습니다. 경제우등생이었던 한국은 한강의 기적을 뒤로 한
채 사실상 국가부도를 인정했습니다.*
—1997년 11월 21일 MBC 뉴스데스크, 이인용 앵커

88올림픽을 계기로 한국의 위상을 세계에 알리고, 96년에는 아
시아에서 두 번째로 OECD에 가입하며 순조롭게 선진국 대열로
나아가던 중 찾아온 위기였다.

97년 11월 경제부총리는 특별기자회견을 통해 공식적으로 국제
통화기금 IMF에 자금 지원을 요청하기로 결정했다. 당시 한국은
나라의 부채가 1,500억 달러가 넘었고 그중에서도 당장 갚아야 할
돈이 많았다. 그러나 국가에서 보유한 외화는 40억 달러도 미치지
못했다.

경제성장에 발맞춰 다른 나라에서 무리하게 돈을 빌려 몸집만

IMF 시기에도 새벽에 여명을 뚫고 부지런히 출근하는 공사 관계자들

키운 국내의 기업들이 부채 만료 상환액과 함께 외국 자본의 급격한 해외 유출로 외화 보유고가 바닥을 드러낸 결과였다.

IMF는 돈을 빌려주는 대가로 한국에 혹독한 경제 구조조정을 요구 조건으로 제시하였다. 대통령 선거에 나선 후보들에게, 나중에 당선되면 지금 정부가 IMF와 한 약속을 꼭 지키겠다는 각서를 쓰라는 무례한 요구까지 들이댔다. 혼란스럽고 모욕적이었으며, 상당히 고통스러운 결과가 예상되었으나 정부는 이를 거부할 수 없는 상황이었다. 결국 책임은 국민들 몫으로 돌아오게 된 것이다.

외환위기가 경제 위기로 본격화되자 국민들은 정부보다 한발 앞서 움직이기 시작했다. 시민·사회단체는 외채 상환 금 모으기 운동을 제안하였다. 당시 달러의 가치가 폭등하면서 기존 금값도 2배나 오르는 현상이 발생했기 때문이다.

IMF 시기 민간기업 참여 활성화를 위해 마련한 민자 유치 사업 설명회 및 엔화 표식
국제채권 발행 조인식

　이러한 현대판 국채 보상 운동은 많은 국민들이 장롱 속에 간직
해 두었던 금붙이를 은행으로 가져오게 했다. 언제든 비상금으로
쓰기 위해 간직하고 있던 금붙이들이었다. 금 모으기 운동은 뜨거
운 열기로 전국을 뒤덮었다. 순식간에 많은 금을 모아 적지 않은
외환을 확보할 수 있었다.

　당시 외환위기가 터지기 직전에 인천공항 직원들 중 일부가 시
운전 교육을 받으러 미국 덴버공항으로 출장을 떠났다. 출장비로
지원되던 달러는 떠날 때만 해도 환율이 1,200원에 불과했다. 그
러나 IMF 외환위기가 발생하자, 환율은 2주 사이에 2,000원으로
급상승했다. 시운전 교육을 받기 위해 떠났던 직원들은 IMF 외환
위기를 온몸으로 느낄 수 있었다.

IMF 외환위기가 한국을 덮치기 70여 년 전, 미국에도 '대공황'이 찾아왔다. '전쟁 특수'를 맞아 쉬지 않고 돌아가던 공장은 종전 후에도 과잉 생산된 상품들로 넘쳐났다. 하지만 전쟁이 끝나자 잉여 생산된 물건을 구매할 구매자가 사라지게 되었고 잉여 생산물은 자연히 재고로 쌓여 경제 상황은 심각해져만 갔다. 길거리에는 파산한 사람들과 노숙자들이 굶어 죽어가고 있지만 정작 이들이 필요로 하는 상품과 농작물들은 창고에서 고스란히 썩어가는 상황이 발생한 것이다. 노동자 4명 중 1명이 실업자가 되고, 농산물 가격은 60%까지 하락해버린 최악의 경제공황을 맞이하게 된 미국은 다시 일어설 수 없을 거라는 불안과 공포에 사로잡혔다. 그러던 중 제32대 F.D.루스벨트 대통령은 국민들에게 희망의 메시지를 담은 뉴딜정책을 발표했다.

막막한 현실, 루스벨트 대통령은 정책 하나로 미국의 자본주의의 역사를 새로 썼다. 정부가 앞서 경제활동에 참여하고, 거대한 댐을 지어 일자리를 창출했다. 국가가 주도한 사업이니 임금이 밀릴 걱정도 없고, 댐 부근에 몰린 노동자들을 위한 식당이나 생필품점이 들어서면서 자연스럽게 일자리도 우후죽순 생겨났다. 정책 하나가 몰락해가는 경제를 일으킨 것이다. 이후 뉴딜정책은 천만 명이 훨씬 넘는 실업자들을 구제했으며, 망가진 경제를 안정세에 접어들게 한 것은 물론 미국의 기본 경제제도까지 개선하는 성과를 냈다.

IMF 외환위기, 인천공항 건설 사업은 한국의 '뉴딜'이었다. 수많은 건설사들이 도산하며 많은 건설 장비들은 가동을 멈췄다. 하지만 건설이 중단된다고 장비마저 못 쓰게 되는 것은 아니었기에 전국의 중장비 회사들은 원가만 받고 일을 하겠다며 인천공항 건설 사업장으로 몰려들었다.

인부들도 마찬가지였다. 어딜 가나 경력자가 우대받는다는 사실은 지금까지도 변하지 않는다. IMF 이전에는 숙련된 인부의 인건비가 상승하고 있는 추세였다. 실제로 인천공항 건설 사업에서도 사람 구하기가 어려워 1000여 명의 외국인 근로자들을 고용하여 건설하고 있던 때였다. 그러나 IMF 이후, 실직하거나 휴직한 국내의 숙련된 건설 근로자들이 영종도로 몰려들기 시작했다.

인천공항공사는 이후 국내의 경제 상황을 고려하여 건설 근로자들에게 조금이라도 도움이 될 수 있는 방법을 모색한 끝에 공사 대금을 즉시 지불하는 방식을 택하게 되었다.

당시의 공사대금은 주로 어음으로 거래되었는데 지금은 찾아보기 힘든 거래 방식이다. 어음은 발행하는 업체에서 일정 기일이 지나(최소 3개월) 현금을 지급하겠다는 일종의 증권이었다. 대형 건설사가 발행하여 중소기업인 협력업체에게 지급되는 방식이었다. 어음을 받은 중소기업은 인건비, 자재비 등 매월 현금으로 지불해야 할 운영 항목이 있기 때문에 은행에서 어음의 만기일까지 이자를 공제(할인) 하여 현금화시키는 구조를 가지고 있었다.

어음은 유동성 면에서 당장 많은 액수의 현금을 가지고 있지 않

IMF 시기에 건설 현장을 방문한 건설 관련 전문가들

아도 종이 한 장으로 값을 치를 수 있는 편리성이 있어 주로 건설업에서 사용된 방식이지만, 일부 건설사들은 이를 악용해서 지불 시기를 6개월에서 1년까지 늘려 이자수익을 챙기려는 경우가 발생했고 중소기업체의 입장에서는 만기일까지 기다려야 은행에서 현금으로 지불된다는 것에 항상 불안감을 가질 수밖에 없었다.

중소기업체는 울며 겨자 먹기로 대기업의 어음을 받아 오면, 결제 기일이 턱없이 먼 어음은 은행에서 많은 이자를 공제한 후에 지불 받거나 자칫 기업 신용도가 낮으면 어음할인을 거부하는 경우가 발생했던 것이다. 또한 발행자가 어음을 갚지 못했을 때는 중소기업도 부채를 감당하지 못해 연쇄 부도를 유발하기도 했다.

IMF 사태를 맞이하여 많은 대형 건설사들이 발행한 어음은 부도 어음으로 이어졌고 대형 건설사의 부도는 중소기업 협력업체까지 줄도산을 불러왔으며 많은 근로자들은 임금을 받지 못 하고 쫓겨 났다. 따라서 인천공항공사는 이러한 폐단을 끊고 협력업체들과 함께 금융위기를 극복하는 동시에 원활한 업무 이행을 할 수 있도 록 어음 지불을 지양하며 최소한 인건비와 유류대는 현금으로 지 급하라고 권고한 것이다. 이는 단순히 형식적인 행정 명령으로 끝 나지 않았다. 공사 사장이 직접 협력업체 대표들을 불러 대형 건설 사들로부터 공사비를 현금으로 받았는지를 확인했다. 이 방식은 이후에 한국을 경제 위기에서 구출하는 데에 큰 역할을 했다.

인천공항은 1단계 건설에만 9년이 걸리는 긴 사업이었기 때문에 공사비를 일시금으로 지불하기 어려워, 정해진 기간마다 공사의 진행 정도인 '기성'을 확인하여 원래 계획과 맞게 지어지는지 검사 한 후 기성금을 주는 방식으로 지불되었다.

1998년 한 해에는 매달 공사의 진행 진도를 확인하는 약식 기성 검사와 3개월에 한 번 공사 진도를 확인하는 정식 기성 검사에서 차질 없이 1조원 이상의 공사비를 현금으로 지불하였다. 또한 장 비사용 대금의 경우에도 직불제도를 도입했다. 시공사나 장비업 체가 공사비 미지급에 대한 불안감 없이 일에만 집중할 수 있는 환 경을 만들어 준 것이다. 힘든 시기, 내 손에 바로 쥐어지는 현금만 큼 든든한 것은 없다. 현금 지급 제도를 도입한 이후 공사의 협력 업체 직원들은 조금이나마 안심하고 건설에 박차를 가할 수 있었

인천국제공항 투자유치 사업 진시회

다. 마음의 안정은 곧 일의 성과로 이어진다. 직원들은 전보다 더 열심히 일하고 자체적으로 부실이나 품질관리를 철저하게 실행하는 등 공사에 적극적으로 참여하였다.

외환위기는 모두에게 실패만을 가져오는 것은 아니다. 인천공항 건설은 관련 종사자들에게 희망이 되어주기도 했으며 수많은 건설 사들이 IMF로 도산할 때, 인천공항 건설은 버팀목이 되어주었다. 외환위기라 해도 인천공항 건설에 참여한 건설사는 공사비가 순차 적으로 지급되어 지연이나 중단 없이 건설을 이어갔다. 국민들에 게 인천공항 건설은, 아직 우리나라가 완전히 망하지 않았다는 것 을 보여주는 경제적 지표였다.

정부도 국민들의 막막한 현실의 등불이 되기를 바라는 마음으로, 인천공항 건설비의 40%를 국고에서 지원해 주었다. 국내의 금융기관들 또한 정부의 희망찬 의지를 그대로 받아, 인천공항의 성공을 확신하며 인천공항공사에 낮은 금리로 대출을 해주었다. 당시 금융기관들은 '경제의 구조조정을 촉진하라'는 IMF의 주문을 받아, 기업에 연 20%의 초고금리를 적용하고 있었다. 그러나 인천공항공사만큼은 '한계기업'이 아니라는 믿음으로, 저금리로 대출을 가능하게 해주었다. 만약 당시의 정부 지원이 없었다면, 현재에 이르러 내로라하는 건설 대기업들 중 일부는 볼 수 없을 것이다. 정부와 금융기관이 인천공항 건설 사업을 믿어줬기에, 인천공항 건설이라는 거대한 희망의 등불은 꺼지지 않고 대한민국을 지탱할 수 있었다.

새로운 밀레니엄 시대를 여는
인천공항

인천공항은 21세기를 여는 최초의 신공항이라는 매우 의미 있는 목표에서 출발했다. 인천공항이 건설되던 1990년대는 미래 비전을 위해 국가 간에 우주 산업과 더불어 경쟁력 있는 공항 선점에 열을 올리던 시기였다.

한국의 인천공항, 홍콩의 첵랍콕공항, 일본의 간사이공항, 미국의 덴버공항도 다가올 무한 항공 경쟁 시대의 개항을 준비하고 있었다. 당시 인천공항과 경쟁하던 각국의 공항들은 여러 가지 이유로 실패나 지연 사례가 있었다. 특히 홍콩과 일본, 대한민국은 21세기 동북아 전체를 아우르는 허브공항을 유치하기 위해 보이지 않는 전쟁을 치르고 있었다.

인천공항은 2001년, 개항을 앞두고 수하물 처리 시스템 오류로 한바탕 골머리를 앓았던 적이 있다. 이상하게도 연습할 때는 잘 작동되던 시스템이 중요한 시범을 보일 때면 여지없는 오류로 인해

수하물 처리 시스템 내부전경

국민들의 눈살을 찌푸리게 했던 것이다. 언론의 모진 질타가 이어졌지만 다행히 개항 이후에는 시스템 오류가 발생하지 않았다. 특히 인천공항은 다른 공항들의 실패 사례를 타산지석으로 삼아, 수하물 처리 시스템의 오류를 최소한으로 줄이기 위해 노력했다.

미국의 덴버공항은 다소 황당한 이유로 오작동이 발생하기도 했다. 사람의 팔뚝만한 쥐가 수하물 처리 시스템의 전선을 갉아 먹으면서 시스템 오작동이 발생해 개항을 2년이나 연기하게 된 사건이다.

덴버공항은 면적 1억 4천만m²나 되는 대형 공항으로 건설 당시 미국을 관통하는 허브공항으로 설계되었다. 덴버공항의 건설 근로자들은 가건물을 지어 숙식을 해결했는데, 근로자들이 남긴 음식물을 먹기 위해 쥐들이 몰려들었다. 건설 완료 이후 근로자들이 떠나자, 먹을 것이 없어진 쥐들은 공항의 전선을 갉아먹기 시작했다. 쥐가 전선을 갉아먹자 전기가 원활하게 공급되지 못했고, 그 결과 수하물 처리 시스템에 오류가 발생했던 것이다. 쥐가 직접적으로 오작동을 일으킨 것은 아니지만, 주원인 중 하나였다. 인천공항은 이러한 덴버공항의 사례를 보고, 건설 근로자들은 도시락을 지참하게 하는 등 사소한 부분까지 고쳐나가며 완벽한 공항을 만들기 위해 총력을 기울였다.

인천공항과 경쟁하던 아시아의 두 공항도 공항의 혈관인 수하물 처리 시스템의 오류와 계속되는 지반 침하 문제로 인해 자국민에게 질타를 받는 시기가 있었다. 이들은 '허브공항'을 목표로 동북아 대표 물류 공항으로서의 위상을 갖추고자 화물 수용량을 크게 늘려 설계했기 때문에 그만큼 위험부담과 오류 가능성이 증가한 것이다.

첵랍콕공항은 덴버공항과 비슷하게 개항 초 수하물 처리 시스템이 오작동을 일으켜 이슈가 되기도 했었다. 특히 두 곳 모두 동북아시아에 위치해, 인천공항과 함께 '동북아의 허브공항'을 목표로 하고 있었다.

허브공항은 비행기 노선 간의 환승이 가능한 관문공항으로, 여객들에게는 저렴한 가격에 목적지를 경유하여 갈 수 있게 해주고 화물은 물동량을 늘려 화물운송 가격을 저렴하게 해주는 공항을 말한다. 공항 입장에서도 여객이 늘고 다양한 노선을 유치할 수 있어, 모두 이익을 얻는 'Win-Win' 공항이다.

인천공항 개항에 대한 우려 기사들

인천공항보다 하루 먼저 개항한 그리스의 아테네국제공항은 개항 당시 21세기 처음으로 개항한 공항이라는 타이틀을 얻으려는 정부의 정치적 압력 때문에 수하물 처리 시스템과 도로 및 제반 시설 등에 대한 정비를 완료하지 않은 채 서둘러 개항했다. 당연히 문제가 발생했다. 자국 언론은 물론 해외 언론까지 준비가 안 된 '미흡한 공항'이라는 질타를 퍼부었다. 결국 아테네국제공항은 개항했다가 그해 6월, 재개장하는 수모를 겪을 수밖에 없었다.

방콕의 수완나품공항은 2006년 7월 개항을 목표로 하였으나, 일정이 연기되어 2개월 후인 9월 28일 개항하였다. 수완나품공항도 개항하고 한동안 혼란을 겪어야 했다. 수완나품공항은 정치적 이익을 위해 조기 개항한 공항으로, 급작스런 일정 때문에 시험 운영이 충분히 수행되지 않았다. 개항한 후에 공항을 방문한 여객들은

한국국제종합 물류전 인천국제공항 홍보전시관

부족한 화장실 때문에 인근에 있는 다른 시설로 달려가야만 했다.
또한 운항정보시스템 표출에 결함이 있었으며, 여객들을 대응하는
직원의 숙련도도 부족하여 '개념 없는 공항'이라는 지적을 받으며
개항기를 보내야 했다.

  인천공항이 처음 지어질 때 모델로 삼았던 영국 히드로공항도
수하물 시스템 오작동은 피해갈 수 없었다. 2008년 3월 27일, 히드
로 공항은 제5여객터미널을 오픈했다. 히드로공항은 '여행객이 가
장 싫어하는 공항'이라는 오명을 뒤집어썼는데 이유는 잦은 연착
으로 짐 분실 사고가 많았고 특히 편의시설이 낡은데다 부족한 편
이어서 공항을 이용하는 승객들의 눈살을 찌푸리게 했기 때문이
다. 히드로공항은 이를 해결하고자 우리 돈으로 8조 6천억 원을 들
여 제5여객터미널을 공사하게 되었다.

최대 1만 5천 명의 가상 여객과 1만여 개의 수하물을 실제로 동원해 이루어진 시험운영

그렇게 제5여객터미널이 오픈한 지 1주일이 지났는데도 직원들은 새로운 운영체제에 적응하지 못해 공항은 혼란에 휩싸였고 승객들은 짐을 제때 찾아가지 못해 아수라장이 되어버렸다. 또한 수하물 시스템 오작동으로 약 4만 개의 수하물이 다른 공항으로 오배송되고, 운영요원들의 교육 부족으로 500여 편의 항공편이 취소되는 등 약 5천만 달러의 재정 손실을 가져온 것이다. 제5여객터미널은 히드로공항의 치욕스러운 오명을 걷어내기는커녕 오히려 악명을 더한 결과가 되었다.

어느 신문기사에 실린 유쾌한 오보

2008년 당시의 인천공항도 탑승동과 제3활주로 건설을 완료하고 2단계 운영의 그랜드 오픈을 앞두고 있었다. 인천공항은 공항 서비스 평가인 국제항공협의회ACI ASQ평가에서 1위를 차지하고 2단계 개항에서도 완벽하다는 평가를 받으며 성공적인 개항을 이루어 동북아 허브공항으로서 한 걸음 더 성장할 수 있었다.

인천공항은 앞서 다른 공항들의 개항 후 실패 사례를 통해 실수를 최소화하는 법을 배웠다. 여유를 가지고 충분한 테스트와 검증을 통해 부족하고 미숙한 부분들을 차차 조정해나갔나. 실패 사례를 교훈 삼아 동일한 실수를 저지르지 않도록 점검하고 또 점검해 오류를 최소화함으로써 인천공항은 결국 21세기를 대표하는 공항으로 자리매김한 것이다. 인천공항은 개항 이후, 세계 공항들의 모범적 사례로 꼽히면서 끊임없이 계속 발전해 나가고 있다.

어떠한 외부적 변수에도
대비하는 공항

하루에도 수십만 명이 이용하는 공항은 천재지변이나 테러의 위험에 노출될 경우 큰 피해가 발생한다. 이러한 비상상황만 주의해야 하는 것이 아니다. 기계 오작동과 같은 작은 문제를 대수롭지 않게 여기고 신속히 대처하지 않는다면 피해는 눈덩이처럼 불어날 수 있다. 때문에 인천공항은 설계 당시부터 재난에 대비할 수 있도록 심혈을 기울였다. 공항에 영향을 끼치는 재난으로는 불가항력적인 지진과 강풍이 대표적이며 화재와 질병, 테러 등이 그 뒤를 잇는다.

일반적으로 공항은 진도 6.5 이상을 견딜 수 있게 설계되지만, 인천공항은 더 엄격한 기준을 적용시켰다. 인천공항은 대한민국 건국 사상 최대 규모일 정도로 큰 공사였다. 강풍이나 지진, 해일 등 천재지변 발생 시 지붕과 구조물의 변형에 대비해 105개의 변이측정장치를 부착했다. 또한 비로 인한 침수나 태풍 피해를 처음부터 예방하고자 활주로를 보통 도로의 3배 깊이인 105cm로 포장하였다.

포장 공사는 가장 기초인 토목 공사를 진행하면서 골재를 다진다. 아스팔트 층인 1차 포장을 완료한 후, 흙과 시멘트를 섞어 중간 지층을 만들고 그 위를 다시 콘크리트나 아스팔트로 매립하여 우리가 밟고 다니는 지반이 형성되는 것이다. 가장 아래의 땅에서 아스팔트를 부은 곳까지가 55cm, 중간 지층부터 콘크리트 또는 아스팔트 포장을 한 곳까지 50cm 두께로 포장이 되어 있어, 아무리 비가 많이 와도 침수될 일은 없다. 간혹 가다 발생하는 싱크홀의 위험도 체크해야 했다. 싱크홀은 도로 양 옆의 공간에 비가 새어 들어가 도로까지 함께 꺼지는 경우를 말한다. 인천공항은 총 60m의 폭과 3,750m의 길이의 활주로 포장은 물론, 활주로 옆의 갓길까지 24m를 한꺼번에 포장하여 어떤 침수 피해도 없게 단단히 대비하였다. 실제로 99년 태풍 올가가 북상했을 때 3일 동안 500㎖가량 비가 왔는데도 불구하고 인천공항은 아무런 침수 피해도 없었고 비가 그친 후 바로 공사를 재개할 수 있었다.

화재에 대한 대비도 빼놓을 수 없다. 인천공항의 제1여객터미널은 496,000㎡의 거대한 공간이다. 이러한 대공간은 당시 전무했기에 이에 맞는 소방 시설에 대한 규정이 따로 있지 않았다. 인천공항은 추가로 소방시설을 설치해야 했다. 제1여객터미널의 경우 천장 높이가 15m에서 18m인데, 화재 시 감지할 수 있는 감지기는 일반적으로 5m 미만에서 작동할 수 있도록 제작되었기 때문이다. 따라서 인천공항은 그 공간에 맞는 화재경보기를 새로 설치해 화

국토부 점검기로 시험비행을 통해 항공기 이착륙 시설 점검

재위험에 대비할 수 있는 안전도를 높였다.

제2여객터미널의 경우에는 천장과 지붕 사이의 공간이 6m 정도 되는데, 그 부분에 강력한 배기 팬을 설치하여 화재 시 연기를 뽑아낼 수 있도록 만들었다. 이러한 재난 대비 시설은 설치가 끝이 아니라 시험운영을 해봐야 한다. 인천공항은 시험운영 시 화재에 대한 대처 방안이 제대로 되어 있는가를 체크하는데, 이때 가장 중요한 것이 대피 훈련이다. 천여 명의 가상 여객을 동원하여 테스트하고, 문제가 생길 경우 보완한다.

질병에 대한 대비는 또 어떠한가. 피난 동선 등을 미리 준비하여 실질적인 시험운영단계에서 가상의 인플루엔자 환자를 투입한 후 메인 동선과 분리하는 절차 등을 시험한다. 그렇다면 격리된 환자는 공항의 어디로 가는 것일까? 원래 격리병동은 공항 당국이 아

항공기 제빙 작업 현장

니라 보건복지부에서 설치하는 시설이라 운영 면에 있어서 다소
느슨한 부분이 있다. 때문에 처음부터 격리병동을 짓지 않거나, 지
어두고 방치하는 경우가 많다. 인천공항은 2009년 신종 인플루엔
자가 발생했을 때 쓰지 않던 화물창고 하나를 격리병동으로 활용
했다. 이후 보건복지부는 인천공항 측에 공항 내 격리병동을 위한
부지 요청을 하게 되었다. 격리병동이 외부에서 볼 때는 혐오시설
로 분류될 가능성이 있었기에 공항 당국은 동측의 한적한 시설물
유지 관리 부지를 권유했지만, 보건복지부는 빠른 이동이라는 이
점 때문에 여객터미널의 전면부 지역을 원했다. 격리병동의 위치
선정 문제로 약간의 실랑이가 일어났지만, 인천공항 측은 제1여객
터미널 서쪽 지역을 절충안으로 제시하였고 결국 그 자리에 지금
의 국립인천공항검역소 격리병동이 들어서게 된 것이다.

양날의 검,
국내 1호 민자사업

'민간투자사업'. 민자사업이란 민간기업이 정부를 대신해 전체 건설비의 80%를 투자하여 사회간접시설SOC을 운영하는 사업이다. 국가는 민자사업을 통해 부족한 예산을 절약할 수 있고, 민간기업은 생활에 필수적인 시설을 일정 기간 동안 운영하면서 투자비 회수와 이익을 낼 수 있다.

우리나라에 최초로 도입된 민자사업은 인천국제공항고속도로 건설 사업이었다. 당시 삼성물산이나 한진중공업 등 국내 11개 건설사가 투자해 인천국제공항고속도로를 건설한 것이다. 11개 건설사가 모여 만든 신공항하이웨이는 인천국제공항고속도로에 1조 5000억 원 정도의 자본을 투자하여 2000년 11월 완공했다.

신공항하이웨이는 고속도로 완공 이후 투자비 회수를 위해 유료 통행을 시작했지만, 비싼 통행료 때문에 예상치 못한 국민들의 반발에 맞닥뜨려야 했다. 인천국제공항고속도로 통행료는 서울 방

인천공항 고속도로 건설 현장

향은 6,600원, 인천방향은 3,200원이다. 길이 36.5㎞의 인천국제
공항고속도로와 비슷한 일반 고속도로가 받는 2,900원에 비해 2배
이상 더 비싸다. 서울에서 인천공항으로 출근하는 사람들과 인천공
항을 이용하는 여객들은 왕복 13,200원을 지불하며 고속도로를 이
용해야 한다. 특히 매일 공항으로 출퇴근하는 공항 직원들은 달마
다 소액의 교통비를 지원받을 뿐 별다른 혜택도 없다. 근무 요일을
22일로 추산하면 매달 통행료로 지출하는 돈은 30만 원에 달한다.

　인천공항공사의 종사자들은 한 달 월급에서 10분의 1 정도를 교
통비로 지불하며 출퇴근한다. 인천공항은 종사자들의 출퇴근 편
의와 물류비 절감을 위해 인천국제공항고속도로 인수를 시도했지
만, 관련법 때문에 무산되고 말았다. 인천공항 종사자와 인천공항

인천공항 철도 개통식

과 가까운 영종·용유 지역주민들은 통행료가 너무 비싸다며 인천
공항 고속도로에서 차량시위를 하거나 동전으로 통행료 내기와 같
은 통행료 인하운동까지 벌였다.

정부가 민간기업에 약정된 최소 수입을 보장하는 최소운영수입
보장Minimum Revenue Guarantee제도도 문제였다. 민간기업은 시
설 운영 기간을 협의할 때 하루에 차량 몇 대까지 시설을 이용할
것인가를 예측하여 국가와 협의한다. 예측 수요가 높을 것이라고
판단되면 운영 기간을 단축하고, 예측 수요가 낮으면 운영 기간을
늘리는 방식으로 협의하는 것이다. 하지만 예측 수요는 말 그대로
'예측'일 뿐이다.

운영하면서 하루 수요가 예측과 맞을 때도, 모자랄 때도 있다.
민간기업은 공기업과 달리 이익이 최우선 순위라, 이익이 보장되지 않으면 투자하지 않는다. 국가는 민자시설에 예측 수요보다 모자라는 금액에 대해서는 세금으로 보전해주고 있다.

'세금 먹는 하마'라는 오명이 붙은 것도 바로 이 때문이다. 민간기업에 지급하는 최소수입보장금이 국민의 세금으로 들어가니, 가뜩이나 비싼 돈 내고 고속도로를 이용하는 국민에게는 이중으로 빠져나가는 돈이 된다.

지금까지 인천국제공항고속도로에 국가가 준 세금만도 건설비 1조 5000억 원이 넘는다. 특히 민자사업 중 하나인 공항철도는 하루 예측 수요가 78만 명(2019년)이었지만, 실제 하루 이용객은 26만 명에 불과해 정부가 2,990억 원을 최소수입보장금으로 지급해야 했다.

이후 공항철도는 2020년에 하루 81만 명이 이용할 것으로 예측했지만 코로나19 사태로 이용객이 더 줄어 실제는 18만 명에 그쳤다. 국가는 공항철도에 2020년 부족분 3,411억 원을 지급했다.

물론 최소운영수입보장 제도는 민자사업을 유치하기 위해 썼던 '유인책'이었던 만큼, 2009년에 이르러 폐지되었다. 다만 기존에 최소운영수입보장을 조건으로 계약했던 사업에는 운영 기간이 끝날 때까지 계속 최소수입보장금을 지급해야 한다. 심지어 인천국제공항고속도로나 공항철도와 같이 수요를 지나치게 높게 잡은 사업들까지 매년 세금으로 지원해줘야 하니, 갈수록 배보다 배꼽이 더 커지는 상황이다. 가뜩이나 비싼 민자고속도로 이용요금에, 적은 수요로 인한 국고 부담이 더해지자 자연스레 국민들은 민자사업에 부정적인 이미지를 갖게 되었다.

그러나 민자사업이 있었기에 인천공항 항공정비 창고나 급유시설, 화물 터미널 같은 내부 시설뿐만 아니라 인천국제공항고속도로와 공항철도, 영종도와 인천 송도를 잇는 인천대교까지 무사히 건설할 수 있었다. 그래도 민자사업이 가진 문제점이 늘어나면서 인천공항은 개항 이후, 흑자가 지속되자 탑승동(2단계)과 제2여객터미널(3단계) 건설 사업에는 국가보조금과 민자사업의 힘을 빌리지 않고 독자적으로 진행하였다.

'양날의 검'이라고 불리는 민자사업이지만, 검을 누가 어떻게 쥐느냐에 따라서 충분히 달라질 수 있다. 대한민국은 이미 인천공항과 연계된 민자사업으로 인천국제공항고속도로와 인천대교, 공항철도를 진행하며 시행착오도 충분히 겪었다. 이제는 이러한 경험을 발판 삼아 전보다 더 나은 국가로 발전할 일만 남은 것이다.

안전과 보안을 위한
인천공항

'우리를 보면 신기해하지 말고 도망치십시오.'
폭발물의 25m 이내에 접근하시면 위험합니다.
— 유퀴즈온더블럭,
인천국제공항 대테러폭발물처리반장 윤재원

인천국제공항 대테러 대응팀 폭발물처리반의 윤재원 반장이 인천공항 이용객들에게 안전교육을 위한 영상편지를 보냈다.

공항에 폭발물처리반이 있는 것은 당연하다고 생각하겠지만, 막상 이들이 공항 이용객들 앞으로 나온다면 어떤 사람이든 겁부터 날 것이다. 테러의 조짐이 보일 때 폭발물처리반이 등장하기 때문이다.

인천공항은 '가'급의 국가보안시설이다. 국가보안시설의 등급은 중요도 및 파괴·마비·점령 시 영향력에 따라 가, 나, 다 급으로 분류된다. 항공보안실의 항공보안처부터 경비보안처, 사이버보안

공항에서 발생할 수 있는 대테러 종합훈련과 초광역 긴급 구조 훈련을 진행하고 있다.

센터까지, 3천여 명이 넘는 사람들이 인천공항의 안전을 책임지고 있다. 그렇기 때문에 인천공항에서는 경찰, 검찰, 폭발물 처리반과 인천공항 자체 경비 회사 등, 국정원의 조정 하에 기타 테러 방지 대책들이 만들어진다. 폭발물처리반원이 말한 것처럼 인천공항에 폭탄을 설치했다는 허위 제보가 논란이 되었던 적도 있다. 특히 인천공항은 영종도라는 지리적 위치와 우리나라의 외교적 관계 때문에 재난 대비에 더욱 각별한 신경을 쏟아야 하는 시설이다.

지난 9·11 테러 이후 각 공항에서는 보안검색이 강화되었다. 폭발물로 의심되는 액체류와 같은 물건은 아예 기내에 갖고 탈 수 없으며 라이터, 도검류 등 또한 휴대할 수 없는 물품에 해당한다.

심지어 인천공항 출국장 식당에서는 쇠로 된 포크 사용도 금지한 적이 있었다. 이런 물건들을 기내 반입하려다가 보안 검색요원에게 적발돼 실랑이를 벌이거나 난동을 부리는 승객도 더러 있었다.

2021년 인천공항공사 보도자료를 보면 보안검색 과정 시 반입금지 물품 소지로 인해 여객 포기 물품이 발생할 경우 100% 사회복지 기관에 기증하고 있으며, 기증기관은 관련 규정 및 공정한 심사를 통해 3년 단위로 선정하고 있다고 밝혔다.

보안검색대에서 발생한 난동과 소란은 50% 이상이 액체류로 인한 실랑이다. 지금이야 그런 일이 없지만, 개항 초기에는 병 소주를 박스째 보내는 일이 종종 있었다. 문제는 소주 병이 자칫 깨졌다가는 대형 사고로 이어질 수 있다는 사실이었다. 흘러나온 소주의 냄새가 며칠씩 가시지 않는 것은 물론이고 혹시 남아있는 알코올이 화재사고를 일으킬 수도 있기 때문이다.

현재까지도 액체류는 정해진 용기당 1개, 100$m\ell$ 이하로, 1인당 1L 이하의 투명 용기에 담아야만 반입할 수 있다. 가끔 이를 모르는 초보 여행자들은 된장과 고추장, 생수, 술 등을 갖고 출국하려다 보안 검색요원들에게 적발되기도 한다. 그나마 다행스러운 일이라 한다면 이제는 적발된 탑승객들이 큰 소란을 일으키지 않는다는 것이다. 21세기 최고의 공항을 이용하는 한국인의 품격도 이미 최고 수준에 이르렀기 때문이다.

제3장

세계의 중심
글로벌
허브공항

꿈꾸는 초일류
메가 허브공항

　허브공항이 대체 무엇이기에 많은 국가들이 허브공항을 유치하기 위해 노력했던 것일까. 1990년대 중반, 일본, 중국, 홍콩과 더불어 대한민국은 앞다투어 '21세기 최고의 동북아 허브공항'을 건설하기 위한 경쟁을 벌였다. 인천공항과 경쟁하던 일본의 간사이공항 1991년 9월 개항과 홍콩의 첵랍콕공항 1998년 7월 개항은 매립 부지 침하와 수하물 처리 시스템 오작동으로 인한 불명예를 안게 되었으며 이와 더불어 비행기 이착륙료를 포함한 항공수익료가 인천공항보다 현저히 높다는 단점이 있었다. 결국 21세기 동북아시아 최고의 허브공항 타이틀을 인천공항에게 내줄 수밖에 없었다.

　90년대 동북아가 열광하던 '허브공항'의 개념은 사실 우리나라에서 흔히 쓰이는 택배 배송시스템과 다를 바가 없다. 택배는 온라인으로 운송장의 배송 정보를 확인할 수 있는데, 택배가 지역물류센터에 입고되었다는 알림 문자가 고객에게 전달되는 시스템이다. 곤지암HUB에서 내가 사는 지역으로 상품이 전달되어 배송 중이라는 알림은 곧 택배가 1~2일 사이에 도착한다는 것을 뜻한다. 한국은 '빨리빨리' 문화 때문인지, 택배가 하루 이틀 사이에 도착하지 않으면 고객은 왜 이렇게 늦게 오냐며 짜증을 부리기 일쑤다. 하지만 이러한 한국의 택배 배송은 전 세계적으로 봤을 때 매우 빠른 편에 속한다. 한국의 독보적인 배송 속도는 바로 '허브 앤 스포크Hub&Spoke' 운송 시스템에서 기인한다.

허브 앤 스포크 운송 시스템은 우선 물품이나 여객을 출발지spoke에서 시작하여 중심축Hub으로 모은 다음에 도착지Spoke로 배송하는 형태이다. 허브 앤 스포크 운송 시스템은 1965년, 세계적인 물류회사인 FedEx의 창업자, 프레드릭 스미스가 평소 즐겨 타던 자전거 바퀴에서 영감을 얻은 것으로 허브는 바퀴, 스포크는 바퀴살을 의미하며, 프레드릭 스미스는 석사학위 논문에 이를 '허브 앤 스포크' 항공운송 시스템이라고 소개했다. 이는 미국 내 모든 도시에서 4시간 안에 도착할 수 있는 허브공항을 축으로 화물을 모으고, 이렇게 모인 화물을 배송 지역별로 다시 정리하여 화물을 배달하는 방식이었다.

예일대에서 경제학을 전공하던 프레드릭 스미스는 지금껏 크고 무거워 배나 기차로 배달되던 운송품과 달리, 앞으로는 트랜지스터나 반도체와 같이 작고 가볍지만 고부가 가치를 지닌 상품들을 빠르고 안전하게 배달하는 사업이 성장할 것임을 깨달았다. 그는 곧 FedEx를 창업해, 비싼 항공물류 비용을 최소화하기 위해 허브 앤 스포크 방식을 도입했다. 먼저 그는 미국의 인구분포도를 조사한 뒤, 사람들이 많이 오가며 중심이 되는 지역에 물류센터Hub를 만들고 목적지 별로 재분류해 배송하는 방식을 구상하였다. 시류를 재빠르게 읽고 행동한 그는 '허브 앤 스포크' 운송 시스템을 통해 대성공을 거두었다. FedEx를 연간 매출액 650억 달러(약 75조 원) 규모의 초대형 운송업체로 성장시킨 것이다.

'허브 앤 스포크' 시스템이 적용되기 전에는 전통적으로 도시와 도시를 연결하는 '포인트 투 포인트Point to Point' 운송 시스템을 이용해 도시 간의 점 대 점 방식으로 노선을 연결하였다. 그러나 공항의 수요는 인파가 몰리는 유명한 휴양지와 대도시 그리고 경제중심 지역에 형성된다. 항공사의 노선도 대부분 수익성이 있는 공항 중심으로 구성되어 있기 때문에 자연히 수요가 적은 공항은 노선을 유지하지 않는다. 그나마 남아있는 노선을 이용하는 공항의 승객들은 불편하여 다른 공항의 노선을 선택하여 이용할 수밖에 없다. 이렇듯 '포인트 투 포인트'의 가장 큰 단점은 수익성이 적은 공항의 노선은 유지하기 어렵다는 점이다.

허브 앤 스포크 시스템 운영은 1978년 이후 미국에서 시작되었다. 1978년 이전에는 항공사의 운항노선은 미국 연방정부가 결정했었다. 그러나 1978년 미국 연방정부가 '항공사업 규제완화 정책 Airline Deregulation Act 1978'을 발표하면서 항공사는 비로소 자유

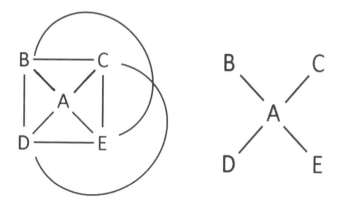

포인트point 투 포인트point 시스템과 허브Hub 앤 스포크Spoke 시스템

롭게 효율적인 항공 노선을 결정할 수 있었다. 항공사는 허브 앤 스포크의 효율적인 노선 구축으로 최소의 비용으로 최대의 효과를 누릴 수 있게 된 것이다.

위의 왼쪽 그림은 모든 5개 도시를 직접 연결하는 '포인트 투 포인트' 노선 시스템이고, 오른쪽 그림은 허브공항을 통해 5개 도시 모두를 연결시키는 '허브 앤 스포크' 노선 시스템이다. 왼쪽의 경우, 5개 도시를 전부 연결할 때 필요한 노선은 최소 10개이다. 그러나 오른쪽 그림처럼 허브공항을 통해 연결한다면 훨씬 적은 4개의 노선으로 줄어든다. 최소 노선으로 최대의 효율을 내는 것이 바로 '허브 앤 스포크' 시스템의 장점이다. 노선 수가 적기 때문에 한 노선당 수요가 늘어나다 보니 소형기보다는 중대형 항공기를 투입시킬 수 있고 결국은 '규모의 경제'가 적용되어 운항 횟수는 증가하고 운임을 더 낮출 수 있게 된다.

1980년 항공사의 허브 앤 스포크 노선 운영으로 요금이 저렴해지면서 승객이 급증하는 현상이 일어났다. 그리하여 보잉 747 점보 비행기가 도입되고 비로소 항공 운송의 르네상스가 시작되었다. 이는 바로 항공사의 허브 앤 스포크 운영의 결과였다. 허브공항에는 물류와 함께 사람들이 모이고 자연스럽게 관광, 정보, 문화가 발달할 수밖에 없다. 허브공항으로 인해 그 지역이 중심도시로 성장하게 된다. 바로 허브공항이 가진 이러한 장점 때문에 각국은 허브공항을 유치하고자 노력한 것이다. 이처럼 세계 각국의 여객과 물류를 모아 또 다른 자국의 이익을 만들기 위한 허브공항은 현재까지도 치열한 경쟁을 하고 있다. 싱가폴 창이공항, 파리의 샤를드골공항, 암스테르담의 스키폴공항, 런던의 히드로공항, 독일의 프랑크푸르트공항 등이 대표적인 대형 허브공항이다.

인천공항은 일본의 나리타공항, 간사이공항, 중국의 베이징공항, 홍콩의 첵랍콕공항과 치열한 경쟁을 하는 허브공항이다. 인천공항은 주변 경쟁공항들보다 이착륙료, 조명료 등과 같은 공항사용료를 저렴하게 책정하여 더 많은 외국 항공사를 유치하려 노력하였다. 또한 질 좋은 서비스를 제공하여 고객 만족도를 높이는 전략을 선택하였다.

우리나라를 둘러싸고 있는 동남아시아나 극동 러시아의 경우, 지리적·군사적 문제 때문에 자국에서 미국으로 가는 직항 노선

2015년 글로벌 공항 진입을 목표로 비전 선포

이 없다. 반드시 일본의 나리타공항이나 중국의 베이징공항, 한국
의 인천공항을 경유해야만 미국으로 갈 수 있는 것이다. 인천공항
은 중국, 동남아, 극동러시아 승객들을 인천에서 환승시켜 미국이
나 유럽으로 여행할 수 있도록 국적 항공사의 환승 노선 개발과 외
국 항공사 유치에 적극적이다.

인천공항은 현재 더 많은 항공사를 취항시켜 승객을 많이 유치
하고 이를 통해 면세점이나 식·음료 매장, 휴식 공간 등의 이용률
을 높여 소비를 활성화시킬 수 있는 메가 허브공항을 목표로 한다.
즉, 이착륙료와 같은 항공수익을 낮추고 면세점, 식음료점 같은 비
항공수익을 높여 공항을 운영하는 것이 대형 허브공항의 기본적
전략인 것이다. 인천공항은 이러한 전략을 충실하게 실천하여 동
북아 허브공항으로 발돋움하였다.

허브공항의
새로운 전략

인천공항은 그동안 공항 종사자와 정부의 숨은 노력으로 '동북아의 허브공항'으로 자리잡았다. 환승률은 연간 인천공항을 이용한 전체 승객 중 인천공항에서 환승한 승객의 비율을 뜻하며, 일반적으로 환승률이 20%가 넘으면 '허브공항'이라고 불린다. 인천공항은 2016년 환승객 수가 740만 명이 넘어 동북아 공항 중 최대 환승객 수를 기록하고 있다. 인천공항은 개항 후 환승률이 점차 증가하여 2013년에는 18.7%를 넘으며 '동북아 허브공항'으로 성큼 다가갔다. 그러나 최근 인천공항의 환승률은 점차 떨어지는 추세다. 인천공항의 여객 환승률은 2016년부터 2020년까지 비슷한 수준을 보이며 10%대에 머물고 있다.

환승률이 적어지는 이유는 많겠지만 최근 몇 년간 인천공항에 저비용항공사Low cost carrier:LCC들의 신규 취항이 늘어나면서 직항승객 수가 급증했다. 또한 대한항공과 아시아나항공도 수익성

허브공항 도약을 위한 인천국제공항공사의 전략 수립 워크숍(위대한 여정)

위주의 노선으로 개편하면서 환승객보다 직항 승객이 늘어난 이유가 가장 크다고 볼 수 있다.

특히 2010년대 중반 들어 빠르게 성장한 저비용항공사가 환승률을 줄이는데 큰 영향을 끼쳤다. 저비용항공사는 지역과 지역을 직접 연결하는 '포인트 투 포인트' 방식으로 낮은 운임을 제공하여 새로운 승객을 유치하면서 항공 시장의 떠오르는 샛별로 자리잡았나. 미국이나 유럽처럼 도시가 많을 경우, 대도시보다 중소도시의 수요만으로도 저비용항공사가 운영될 수 있기 때문이다.

인천공항은 이용 승객 목표를 연 1억 명으로 정하고 우리나라 국민뿐만 아니라 동남아, 중국, 일본, 극동러시아 승객들을 대상으로 하고 있다. 1억 명 승객 목표를 달성하기 위해서는 환승객 유치를 보다 적극적으로 추진해야 한다. 더군다나 주변의 중국, 일본의 경쟁 공항들도 승객을 다른 나라에 빼앗기지 않기 위해 다양한 정책을 쏟아내면서 치열한 경쟁을 하고 있다.

일본은 국내선인 하네다공항에 국제선을 취항시키고, 나리타공항에는 국내선을 강화시켜 자국 승객이 인천공항으로 이탈하는 것을 막고 있다. 중국은 미국이나 대양주로 가는 직항 편을 확충해 인천공항을 거쳐 가던 환승객들을 다시 자국으로 흡수하고 있다. 국내에서는 지방공항 활성화 정책으로 인해 인천공항의 허브화 정책이 약화되면서, 인천공항이 '동북아 허브공항'의 타이틀을 사수하는 것이 점점 힘들어지고 있다.

이를 만회하기 위해 인천공항은 환승객을 유치하는 항공사에 인센티브를 주고, 북미와 유럽 등에 신규 취항하거나 증편하는 항공사를 선점하여 입출항비용 100%를 3년간 면제해주는 등 환승객 늘리기 프로젝트를 진행하였다. 하지만 인천공항이 장기적으로 살아남기 위해서는 독일 프랑크푸르트공항, 네덜란드 스키폴공항, 아랍에미리트 두바이공항처럼 세계 어느 곳이든 갈 수 있는 거미줄 같은 항공 노선을 구축하도록 더 많은 외국 항공사를 유치해야 한다. 또한 더 이상 무시할 수 없는 저비용항공사와 연계할 수 있는 방안도 찾아야 한다. 저비용항공사는 저렴한 비용으로 많은 도시를 오갈 수 있게 해주지만, 대부분 단거리 노선에 집중되어 있다. 인천공항은 저비용항공사로 도착한 승객들을 장거리 노선으로 환승시키는 전략을 본격적으로 검토해야한다. 국적 항공사와 국내 저비용항공사 그리고 외국의 저비용항공사와의 전략적 제휴를 맺어 환승객을 유치할 수 있는 방안을 진지하게 고민할 필요가 있다. 인천공항에 취항하고 있는 국적 항공사도 직항 탑승률이 높다고 안주하지 말고 새로운 노선을 개발하여 환승객 유치에 적극적으로 나서야 한다.

그래도 마땅한 방법이 없다면 최소한 3대 이재희 사장 시절에 공사 직원들이 연구하고 검토한, 비전과 허브화 추진 전략을 지금이라도 다시 한번 끄집어내어 초심으로 돌아가 살펴봐야 한다. 허브화 추진 전략은 외부에서 조언을 받은 내용도 있지만 많은 직원들이 스스로 자료를 수집하고 수많은 토론 및 워크샵을 통해서 자체적으로 연구한 결과물들이다. 이제는 코로나로 인한 절망에 빠져 있지 말고 새로운 환경 변화에 대비한 창의력 있는 고민을 시작하길 바란다. 분명 새로운 시장의 변화에 의한 기회는 충분히 있다고 본다.

서비스로
세계를 제패하다

'동북아의 중심, 세상의 아침 해가 맨 먼저 솟는 이곳에 일
천칠백만 평의 창파대해를 덮어 세계 제일의 공항을 세우노
라. 반만년 문화 역사를 지켜온 백두대간의 정기를 한데 모
아 칠천오백만 민족이 함께 손 바쳐 이 여객 청사의 마룻대를
올리도다. 대륙을 석권하던 조상의 기상과 세계를 불 밝힌
빛나는 문화, 평화를 애호해 온 민족의 혼을 이어받아 인천국
제공항은 새로운 일천년 국가 번영의 원천이 되리니 세계 만
민이 이 지붕 아래 모이리라. 전대미증유의 국가적 난국 속
에서 인고의 땀으로 나라를 다시 일으킨 온 국민의 의지와 역
량을 여기에 표상하리니 이 그림자는 세상의 끝에 이르고 그
지혜는 만대에 이어지리라. 활주로를 비상하는 날개마다 민
족의 성운이 날로 발흥하여 무궁한 번영으로 이어질지어다.'
—1999. 1. 28. 제1 여객터미널 상량문

인천공항 제1여객터미널 지붕에는 위와 같은 상량문 문구가 새
겨져 있다. 그러나 이러한 문구가 있다는 사실을 아는 사람은 몇
되지 않는다.

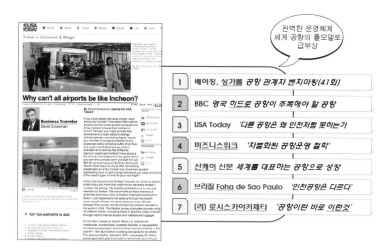

1	베이징, 싱가폴 공항 관계자 벤치마킹(41회)
2	BBC 영국 히드로 공항이 주목해야 할 공항
3	USA Today '다른 공항은 왜 인천처럼 못하는가
4	비즈니스위크 '차별화된 공항운영 철학'
5	산케이 신문 세계를 대표하는 공항으로 성장
6	브라질 Foha de Sao Paulo '인천공항은 다르다'
7	(러) 로시스카야카제타 '공항'이란 바로 이런것'

인천공항을 긍정적으로 평가한 해외 언론 기사들

1999년 상량식이 진행되던 그날은 유독 춥기도 하고 바람도 많이 불어 행사를 치르는데 어려움이 많았다. 상량식은 우리 국민을 고통에 빠지게 했던 IMF 경제 위기가 서서히 극복되고 있다는 좋은 신호가 감지되던 시기에 진행되었다.

그래서였을까? 제1여객터미널 실내 마감 공사를 완료하고 개항 준비를 위한 시험 운영이 한창이던 2000년, 여객터미널 밀레니엄 홀의 인조 소나무에 유유히 배회하는 까치 두 마리가 찾아왔다. 공항에서 기르는 것인지, 어디서 어떻게 들어왔는지, 그리고 무엇을 먹고 사는지 아무것도 알 수 없었지만, 직원들에게 까치는 좋은 결과를 가져다 주리라는 막연한 희망과 기대감을 주는 길조였다. 비록, 둥지를 튼 까치는 오물 문제로 인해 결국 여객터미널 밖으로 쫓겨나야 했지만, 직원들은 까치가 행운의 상징처럼 인천공항의

2010년 세계 서비스 평가 5연패 시상식에 참석한 인천공항 직원들이 축하 세리머니를 하고 있다.

앞날에 서광을 비추어 줄 것이라고 믿었다. 이후 인천공항이 이뤄낸 수많은 업적과 수상 이력을 보면 그것이 틀린 믿음은 아니라는 것을 알 수 있다.

인천공항은 2006년 국제공항협의회ACI에서 주관한 공항 평가에서 세계 공항서비스평가ASQ 1위 세계 최고 공항상을 시작으로 아시아—태평양 최고 공항상, 중대형 최고 공항상, 가장 발전하는 공항상을 한꺼번에 받아 4관왕을 달성하기도 했다. 또한 2006년, 글로벌 트래블러GT에서 주최하는 세계 최고 공항상 시상 행진을 이어나갔다.

특히 인천공항은 2017년까지 국제공항협의회의 세계 공항서비스평가에서 12년 연속 1위를 차지하며 그야말로 '세계 속 대한민

세7대 정일영 사장이 2017년 세계 공항 서비스 12연패를 차지한 후 상패를 높이 들어 올리고 있다.

국의 얼굴'이 되어 날아올랐다.

인천공항은 외국에서 주최하는 시상뿐만 아니라 국내에서도 대한민국 좋은 기업 교통부문 1위, 한국의 경영대상 고객가치 최우수 기업부문 1위, 고객만족 경영부문 종합 대상을 시상하는 등 대한민국을 함께 성장시키는 쾌거를 보였다. 처음 인천공항을 건설했을 때 다짐했던 '세계 최고의 공항'은 더 이상 꿈이 아니다.

세계에서
가장 빠른 출입국 시스템

인천공항의 자동출입국시스템을 이용하면 출입국 심사가 '12초' 만에 끝난다. 만 19세 이상인 내국인들은 사전등록도 필요 없이, 여권과 깨끗한 손만 준비하면 된다. 세계에서 가장 빠른 인터넷 속도 1위 자리를 놓치지 않는 IT 강국답게 대한민국의 자동출입국심사 속도는 세계 최상위권이다.

일반적으로 외국 공항 출입국 심사대는 대기 줄이 지그재그 꼬리를 물고 길게 늘어서서 여행객들은 오랜 시간을 대기해야 한다. 출입국 심사를 위해 장시간 기다려야 하는 여행객들은 여행의 설렘 대신 지루함과 피곤함을 느낄 수밖에 없다. 여객이 집중적으로 몰리는 시간에 출입국 직원들을 탄력적으로 배치해 신속하게 출입국을 할 수 있게 하는 것은 공항의 주요 업무이다. 하지만 출입국 심사는 나라마다 문화적 차이나 상황이 달라 다소 고압적인 자세를 취하는 공항들도 있어 때론 여행객들이 불친절함을 느끼기도 한다. 특히 동남아 일부 국가의 출입국 직원들의 경우, 긴 대기 줄을 보면서 삼삼오오 모여 웃고 잡담을 하기도 한다. 성격 급한 한국 사람들은 화가 치밀어 올라도 서툰 외국어와 낯선 환경 때문에 항의도 못 하고 한숨만 내쉰다.

외국에서 답답함을 느낀 국민들은 인천공항에 안착하는 순간 마치 안방에 들어가는 느낌을 받는다. 비행기에서 발을 떼는 순간 마시는 공기는 익숙하고, 투명 유리로 된 탑승교에서는 낯익은 주변 풍경도 보인다.

인천공항은 '공항 예상 혼잡도'를 제공해, 어느 출국장에 몇 명이 대기하고 있는지 한눈에 알 수 있다. 그러나 상당수 해외공항은 인천공항과 같은 고객 편의를 제공하지 않고 출국장 1~2곳에 여객을 집중시켜 기다란 대기 줄을 거쳐 출국 절차를 밟게 한다.

인천공항은 세계 공항서비스평가 12년 연속 1위답게 2019년 기준으로 체크인 카운터부터 항공기 탑승까지의 출국 소요시간이 평균 31분, 입국 소요시간은 평균 28분에 불과하다. 국제민간항공기구ICAO는 여객이 공항에 도착해 항공권 발급과 보안 검색, 출국 심사까지 소요되는 시간은 60분 이내, 비행기에서 내려 입국심사를 받고 수하물을 찾아 세관심사까지 걸리는 시간은 45분 이내로 권고하고 있다. 인천공항은 제2여객터미널이 개장하지 않았을 때 출국 41분, 입국에 30분 걸렸다. 그러나 제2여객터미널 개장으로 제1여객터미널을 이용하던 여객 30% 정도가 이전하면서 출입

2008년 자동 출입국 심사 서비스 개시

국 시간이 대폭 단축됐다. 제2여객터미널 보안 검색에는 원형 보안 검색기가 설치돼 기존에 실시했던 보안요원의 검색을 하지 않아도 되기 때문에 여객의 흐름이 빨라졌다. 해외에서 긴 대기 줄에서 본 사람이라면 인천공항이 왜 세계 최고이고 한국의 자랑거리인지 스스로 체감할 수 있다.

인천공항은 기다림 없이 곧바로 진출입할 수 있도록 여행객의 동선을 아주 짧게 설계했다. 인천공항에는 20여 개 정부 기관과 1,000여 개 업체의 공항 종사자들이 7만여 명이나 되며 그들은 지금도 보이지 않는 곳에서 고객 서비스를 펼치고 있다.

세계 일류 공항의
숨은 노력

인천공항의 세계 공항서비스 평가 1위는 쉽게 얻어진 것이 아니었다. 개항 후 건설 단계부터 함께했던 직원들을 그대로 운영 관리 인력으로 전환시키면서 1단계 사업을 마무리 지었다. 향후 2단계 사업에는 건설 직원뿐 아니라 공항 서비스 개선을 위한, 이용객의 편의시설을 배치한 경험이 있는 인력들도 필요로 했다.

약 10여 년이라는 긴 시간 동안 '건설'이라는 최우선의 목표를 향해 달려온 인천공항 직원들에게는 고객을 직접 응대할 때 갖춰야할 서비스 정신이 다소 부족해 조금씩 문제가 야기되고 있었다.

지속되는 서비스 문제에 일각에서는 현재 일하는 직원들을 교체해야 한다는 여론이 있었지만 조직을 쉽게 바꿀 수는 없었다. 경영진은 계속 함께 일할 수 있는 방법을 택했고, 직원들에게 고객 서비스 개선을 위해 가장 기본적인 것부터 조금씩 바꿔 나갈 것을 요구했다.

새로운 유니폼 패션쇼
(공항도 이제 스타일을 입는다)

　　우선 직원들이 고객의 신뢰감을 얻는 것이 시급했다. 가장 먼저 직원들이 책임감을 가질 수 있도록 유니폼을 지급했다. 개항 직후 직원들의 복장은 자율이었다. 자율복장으로 출퇴근하는 직원들은 편리할 수 있었으나, 공항을 이용하는 승객들의 입장에서는 직원 식별이 용이하지 않았다. 인천공항공사는 직원들의 유니폼을 통해 세련된 공항의 이미지로 서비스 마인드를 개선하겠다는 의지를 보인 것이다. 유니폼은 직원들의 품격과 행동 양식도 변화시켰다. 직원들 입장에서는 제복 때문에 행동에 다소 제약을 받았을 수도 있겠지만, 세계로 도약하는 공항을 위해 작은 부분부터 개선해 나가기 시작한 것이다. 이는 이제 막 첫발을 뗀 인천공항이 서서히 자리잡기 시작할 무렵의 일이었다.

그러나 개선 의지만으로는 여전히 삐걱거림이 있었다. 직원들은 서비스에 대한 경험이 부족한데다가 악성 고객으로부터의 항의, 정부 간의 조직문화 차이, 끊임없이 요구되는 건의사항으로 직원들은 스트레스와 피로로 시달리게 되었다. 또한 개항 직후 상주 직원을 위한 탈의실조차 없어, 일반 여객이 쓰는 화장실에서 유니폼을 갈아입어야 했으며 직원들을 위한 휴게시설도 턱없이 부족했다. 직원들의 피로도가 쌓이자, 자연히 업무 태도에도 영향을 미쳐 점점 불친절해지는 악순환이 반복되고 있었다.

결국 인천공항은 개항 1년 만인 2002년 세계 공항서비스평가에서 시설을 제외한 다른 부문은 중하위권이라는 성적을 받았다. 경영진들은 이러한 문제점들을 개선하기 위해 해결 방안을 제시했다.

당시 2대 사장이었던 조우현 사장은 여객들에게는 고객이 친절하게 느낄 수 있는 서비스와, 직원들에게는 업무의 피로도를 극복할 수 있는 복지가 필요하다고 생각했다. 이를 실현하기 위해서 그는 인천공항에 상주하던 모든 기관들에게 공통된 서비스 마인드 유지와 직원복지 향상을 위한 '서비스 협의체'를 만들자고 건의했다. 하지만 좋은 의도와는 다르게, 각 기관들은 인천공항이 '서비스 협의체'를 통해 자신들의 업무에 간섭하려고 든다고 오해했다. 비난 여론에도 불구하고 인천공항의 경영진들은 포기하지 않고 기관들을 설득해 나갔다. '서비스 협의체'는 결코 각 기관들의 업무를 침해하는 것이 아니라 인천공항의 서비스 개선과 직원 복지향상을 위해 만들어진 것이라고 설득하여 2003년, 인천공항에 상주하는 10개 기관이 참여하는 '인천국제공항 서비스개선위원회'가 구성되었다.

서비스개선위원회는 가장 먼저 직원들의 복지를 돌봤다. 쉴 틈 없이 서서 일해야 했던 직원들을 위한 휴게 시설을 확충하고, 직원들 간의 유대를 위해 '한마음 워크숍'도 개최하였다. '같은 인천공항'에 근무한다는 것 이외에는 서로 얼굴도, 이름도 모르던 사람들이었다. 각자 일하는 분야에만 충실했기 때문에 다른 기관에서 근무하는 직원들과 교류를 한다는 것은 매우 어려운 일이었다. 그러나 '한마음 워크숍'을 계기로, 인천공항은 완전히 달라졌다.

2005년, '하늘을 열고 세계를 연결하라'는 슬로건 아래, 공항공사의 직원과 면세점 등 상주기관, 협력업체 직원들과 경영진이 모두 모였다. 평소 마주칠 일 없던 사람들은 2박 3일간 함께 먹고 즐기며 서로를 이해하고 '가족'이라는 소속감을 느낄 수 있게 되었다. 내 옆에서 일하는 사람이 남이 아니라, 함께 공항을 위해 일하는 동료이자 가족이라는 유대감을 느끼게 된 것이다. 직원들이 가지는 마음가짐이 달라지니, 자연스레 서비스의 질도 개선되기 시작했다.

'인천공항'이라는 이름 아래, 직원들의 노력은 마침내 결실을 맺었다. 2006년 처음으로 세계 공항서비스평가 1위를 달성한 것이다. 상주기관의 직원들과 공항 직원들 간의 협력과 유대가 없었더라면 힘들었을 결과였다. 직원들 간의 유대는 2006년부터 2017년

서비스 접점에 있는 자원봉사자들과 함께

까지, 12년 연속 세계 공항서비스평가 1위라는 경쾌한 하모니를 불러왔다. 수많은 공항들이 인천공항을 배우러 찾아오지만, 인천공항의 하모니는 배우지 못했다. 실패에서 배운 성공 비결과, 모든 직원이 한마음이 되어 이뤄낸 팀워크는 결코 쉽게 따라할 수 없는 것이기 때문이다.

제1여객터미널 상량문에 새겼던 "새로운 일천년 국가 번영의 원천이 되리니 세계 만민이 이 지붕 아래 모이리라. 활주로를 비상하는 날개마다 민족의 성운이 날로 발흥하여 무궁한 번영으로 이이질지어다"라는 약속은 인천공항 종사자 모두 가슴에 품고 있는 염원일 것이다.

세기의 연인 로미오와 줄리엣이 서로를 위해 목숨을 버리기까지 걸린 시간은 단 5일이었다. 5일 만에 두 남녀를 죽음으로 몰고 간 사랑은 단 한순간의 눈맞춤에서 비롯되었다. 사람이 상대를 인지하고, 설렘을 느끼기까지 걸리는 시간은 불과 0.2초에 불과하다. 설렘뿐만 아니라 신뢰 여부까지 판단되는 0.2초는 곧 사람의 첫인상을 결정하는 가장 중요한 시간이다. 취업을 준비하는 사람들이 면접에서 좋은 첫인상을 받으려 애를 쓰는 것도 바로 첫인상이 구직에 영향을 끼치기 때문이다. 0.2초라는 짧은 시간에 정해지는 첫인상을 바꾸기 위해서는 0.2초의 몇 만 배나 되는 40시간이 필요하다. 한 번 첫인상이 부정적으로 인식되면, 긍정적인 인상을 주기 위해 몇 만 배나 노력해야 하는 것이다.

인천공항은 입국하는 사람들에게는 대한민국의 첫인상이고, 출국하는 사람들에게는 마지막 인상이다. 한국으로 들어올 때 비행기에서 내려 가장 먼저 보게 되는 것도, 한국을 떠나가면서 가장

유럽화산재 위기, 인천공항 브랜드 높이는 계기로…

아이슬란드 화산 폭발로 발이 묶인 여객들에게 제공한 인천공항의 감동 서비스가 국제적인 화제가 됐다. 언론에서도 외국 여객들이 보낸 감사 메시지를 보도했다.

마지막으로 보는 것도 인천공항이다. 한국을 K-팝과 한류 드라마로만 접했던 외국인들은 인천공항에서 대한민국의 첫인상을 본다. 빠른 입국 수속, 친절한 직원들과 깨끗한 공항 시설들은 K-팝과 K-드라마를 이은 'K-공항'을 만들기에 충분하다.

지구가 좁아진 21세기, 한국의 경쟁 상대는 더 이상 아시아에 국한되지 않고 전 세계로 확장되었다. 인천공항은 전 세계의 공항들 사이에서 이름을 알리고 있다. 이제는 단순히 이름 있는 공항에서 벗어나, 인천공항이라는 이름 자체를 세계적인 브랜드로 만들어 수출해야 한다. 인천공항은 홀로 성장하지 않는다. 인천공항이 세계적인 허브공항이 된다면 사람이 모이고, 사람이 모이면 정보가 모이고, 정보가 모이면 돈이 모일 것이다. 또한 공항 근처의 영종국제도시처럼 주변의 문화시설도 더 많은 이용객을 대상으로 더욱 발달될 것이다.

　김포공항을 확장하기 위해 수도권 신공항으로 출발했던 인천공항은 한국을 넘어 세계의 공항으로 자리잡았다. 인천공항은 문제가 있으면 즉각 바꾸고, 바로 앞이 아닌 미래를 보며 발전해 왔고, 개항 후 아무도 상상하지 못했던 거대한 성장을 이룩하며 전 세계에 인천공항의 이름을 널리 알렸다. 특히 인천공항은 서해를 발판삼아 세계 어디로든 뻗어갈 수 있는 위치에 자리하였고, 건설 당시부터 세계 표준 규격으로 지어져 외국 공항들이 얼마든지 벤치마킹할 수 있게 만들어졌다. 인천공항에는 이미 전 세계로 날아갈 수 있는 날개가 달려있다. 날개에 힘만 준다면, 언제든지 새로운 하늘을 향해 날아갈 수 있다. 인천공항이 세계로 나아갈 새로운 비상을 하기 위해서는 두 가지가 필요하다.

　첫 번째는 적극적으로 해외공항 건설 운영에 참여하는 것이다. 인천공항은 개항부터 지금까지 20년간 수익의 절반을 면세점 임대료에서 얻었다. 하지만 계란은 한 바구니에 전부 담지 말라는 말처럼, 인천공항도 시야를 넓혀 전 세계의 공항을 바구니로 삼을 필요가 있다. 이미 유럽의 공항그룹은 공항수익의 15% 이상이 타국의 공항건설 설계나 사업 관리업무, 운영참여에서 받는 수익이다.

　인천공항도 타국의 공항들처럼 해외 건설 운영에 적극적으로 나설 필요가 있다. 특히 인천공항의 강점은 전체적인 마스터플랜, 관리 능력인 운영과 서비스이다. 제1여객터미널을 건설했을 시기, 인천공항은 현장의 관리감독을 통해 더 나은 공항을 만들 수 있었다. 발주처를 대행하여 시공사와 감리사를 컨트롤하는 관리감독 분야가 바로 인천공항의 강점이다. 사업 관리PM라고도 하는 관리 능력은 그 자체로도 인천공항의 브랜드가 되기에, 더 많은 곳으로 인천공항을 수출하기 위해서는 공항 관리 과정이나 국제규격에 맞는 계약일반조건 등을 만들어 개발해야 한다. 뿐만 아니라 국제항공운송협회International Air Transport Association, IATA 같은 국제 활동에 적극적으로 참여하여 지명도와 브랜드 가치를 높여야 한다.

두 번째로 인재 양성에도 더욱 신경을 써야 한다. 해외 사업에서는 최소한 러시아어, 스페인어, 영어가 필요하기에 각 팀에 한 명씩이라도 능통한 언어 능력이 있어야 한다. 공항뿐만 아니라 해외를 대상으로 하는 어느 사업이든, 클라이언트에게 신경을 쓰고 있음을 보여주는 것은 큰 가산점이 된다. 보다 다양한 국가로 인천공항의 노하우를 수출하기 위해서는 다양한 언어를 구사하는 직원들이 필요하다. 또한 20년간 현장에서 발로 뛰며 인천공항을 세계화시킨 주역들도 무시할 수 없다. 옛 것을 익혀서, 그것으로 새로운 것을 알라는 온고지신처럼 그분들의 경험을 허투루 흘려보내지 말고, 하나라도 더 얻어내어 익혀야 한다. 20년이라는 긴 시간의 경험은 천금과도 바꿀 수 없다. 물론 특출난 인재도 필요하지만, 인천공항이 겪어온 경험들을 바탕으로 새로운 길을 제시하는 인재도 필요하다. 선후배를 가리지 않고, 서로의 경험과 배움을 나눈다면 인천공항은 20년을 넘어, 새 시대를 향해 나아갈 수 있을 것이다.

인천공항
국가 재정부담을 최소화하다

  교통사고가 나서 크게 다쳤을 때, 점점 가까워지는 구급차의 사이렌 소리는 구원의 소리이기도, 두려움의 대상이기도 하다. 특히 낯선 타지에서 다쳤다는 서러움은 병원 영수증에 찍힌 '구급차 비용: 120만원'을 보면 어느새 서러움은 사라지고 두려움이 엄습한다. 다쳐서 입원했다가, 병원비만 천만 원이 나왔다는 '미국 병원비 괴담'은 이미 한국에서 유명하다. 악명 높은 미국의 병원비는 바로 민영화된 의료보험 때문이다. 미국은 개인의 소득이나 건강 상태에 따라 납부해야 하는 보험료도 달라, 미국인의 약 15%는 의료 보장을 받지 못하며 나머지 85%도 우리나라보다 30배 정도 비싼 금액을 지불하고 있다. 심지어 미국에서는 1년에 4만 5천 명 정도가 병원비가 없어 사망한다. 반면 한국은 국민건강보험공단을 통해 국민의 과도한 진료비 부담을 방지하고 있다. 한국의 국민은 건강보험이 적용되는 진료의 경우, 치료비에서 단 10%만을 부담

한다. 만약 미국처럼 의료보험의 완전한 민영화가 이루어졌다면, 본인 부담금은 물론이고 매달 내는 보험료 값도 두 배 이상 올랐을 것이다. 이처럼 공기업은 정부 대신 국민이 살아가는데 반드시 필요한 시설이나 공공서비스를 운영하며 국가 발전에 이바지한다. 특히 공기업은 사기업과 달리 이윤 추구를 목표로 하지 않는다. 공기업은 전기나 물, 가스 등과 같이 반드시 생활에 필요한 것들을 국민들에게 공급한다. 때문에 공기업이 사기업처럼 이윤을 추구하여 사용료를 올릴 시, 사용료를 지불하지 못하는 사람들은 전기도, 물도 쓰지 못하는 상황에 놓이게 된다. 모든 국민의 행복과 안정적인 삶을 위해서라도 공기업은 많아져야 한다.

그러나 공항이나 철도 등, 규모가 큰 공기업은 대규모 장치 산업으로서 초기 자본이 많이 소요된다. 특히 공항은 철도나 항만과 같이, 투입된 자본의 회수가 오래 걸리는 사회간접자본시설이다. 특정 사업에 국고가 지나치게 많이 들어간다면, 해당 사업에 투입된 국고만큼의 국가의 예산을 다른 곳에 쓰지 못한다.

인천공항은 제1여객터미널을 포함한 1단계 사업에만 5조가 넘게 들었다. 당시 재정이 여유롭지 않았던 정부는 인천국제공항공사를 만들어서 건설사업비의 약 60%는 공사채를 발행하게 하고, 운영이 시작된 후 이자를 갚는 방식으로 인천공항의 건설 사업비를 조달했다. 인천공항공사는 금융권의 차입을 많이 하였으므로 차입금 상환을 위해서 인천공항은 보다 다양한 수익 방안을 창출해보자고 결심했다. 끊임없이 고민하고, 다른 공항들의 사례를 연구한 결과 비항공 수익 사업(면세점)을 극대화하기로 했다.

인천공항의 면세점이 큰 수익을 거두면서 공항공사의 재무구조가 좋아지자, 향후 확장 사업도 정부의 지원 없이 인천공항 자체 수입으로 충당이 가능해졌다. 때문에 국가는 인천공항 확장에 투입할 국가의 예산을 다른 사업에 사용할 수 있었다. 대부분의 국가들은 공항, 항만, 철도, 도로 등 사회간접시설에 국민의 세금을 투입하여 건설하고 운영한다. 인천공항은 이러한 전통적인 관념을 깨고, 공기업도 노력하면 국민의 세금을 최소화할 수 있다는 성과를 보여주었다.

또한 인천공항은 개항 후 20년 동안 항공사가 공항 당국에 지불해야 할 착륙료 같은 항공비용과 여객의 공항 이용료를 개항 당시와 비슷한 가격으로 유지하고 있다. 인천공항이 개항하고 20년, 그동안 9 · 11 테러, 사스, 메르스, 세계 금융 위기 등 경제 위기로 항공 수요가 감소하고 입점사의 매출이 감소하여 어려울 때가 많았으며 인천공항은 그런 위기마다 사용료를 인하하는 '착한 기업'으로 운영되고 있다. 국가와 국민, 공항 이용객 등 모두를 위해 이바지하는 모범기업인 것이다.

흔히 공기업에 대해 방만하고 철밥통이라는 편견이 있지만, 인천공항은 앞서서 그러한 편견을 벗어던졌다. 공기업도 창의적인 혁신과 노력을 하면 민간기업 이상의 성과를 창출할 수 있다는 성과를 보여주고 있으니 말이다. 인천공항은 공공성도 확보하고 수익성도 유지하며 대한민국의 자긍심으로 평가받고 있다. 이러한 '모범 공기업'이 몇 개만 더 있다면 우리나라도 선진국의 반열에 더 빨리 진입할 수 있을 것이다.

관광산업의 서막,
면세점과 인천공항의 전략

한국에 면세점 방안을 처음으로 제안한 것은 L그룹의 S회장이었다. 1970년대, 불안정한 정치 상황과 먹고 살기 힘들던 시기 '잘 살아 보세'를 외치며 한국은 경제 성장에 박차를 가하고 있었다.

한국은 관광산업으로 외국인을 유치해 외화를 벌어들이고 싶었으나 일제 강점기와 한국전쟁을 겪으면서, 유럽의 경우처럼 전쟁에도 잘 보존된 유물이나 유적과 같은 관광자원이 없었다. 이와 같은 상황을 잘 알고 있던 정부는 L그룹의 면세점 방안을 적극적으로 받아들여 외국인 고객을 위한 백화점을 만들고 국가에서는 관광사업 육성이라는 원대한 꿈을 키우기 시작했다. 또한 마산 지역의 일부를 자유무역지역으로 만들어 외국기업 유치를 도모했다.

자유무역지역은 원자재를 수입할 때 관세를 면제해 주어 다른 나라보다 저렴한 원자재 가격과 자국의 값싼 노동력을 제공하여 세계 시장에 가격 경쟁력을 한층 높인 방안이었다. 당시 한국에서

공항 면세점의 개념을 바꾼 뉴밀레니엄 서비스 '에어스타 에비뉴'

상품을 가공하여 세계 시장에 완제품을 파는 섬유, 화학 등 지금도 주력인 산업들이 이때 자리잡기 시작했다.

값싸고 질 좋은 한국산 제품들이 많아지면서 외국기업들은 한국에 공장을 짓게 되었고 정부는 외국공장들에게 편의를 제공해 산업이 활성화 되도록 유도했다. 정부 입장에서는 외국인이 외화를 이용하여 공장을 짓게 된다면, 외화 수익은 물론 땅 값이나 근로소득 등 한국이 벌어들이는 수익이 늘어나기 때문이었다. 하지만 공장을 통한 수익은 원가 대비 수익이 현저히 낮았다. 관광산업의 수익과 비교해 볼 때 이윤은 턱없이 부족했다.

정부는 보다 적극적인 외화벌이 정책으로 관광산업 수익구조를 개선하기 위해 골프장 허가제를 도입한 후 전국에 골프장을 지었

인천공항 제1여객터미널 입국장 면세점

다. 처음에는 일본 등 아시아 외국인 손님들이 한국의 골프장을 다녀가면서 친절한 서비스와 저렴한 골프장 이용료로 한국의 골프장은 인기가 높았다. 자연스레 한국으로 골프를 치러 오는 외국 사람들은 늘어났다. 이에 정부는 전폭적으로 외국인 전용 여행사를 지원했고 많은 외국인 전용 여행사들이 생겨났다. 점차 외국인 손님과 여행사가 많아지면서 관광 산업이 서서히 자리 잡기 시작하자, 정부는 골프장뿐만 아니라 우리나라 곳곳에서 돈을 쓰게 하기 위한 '면세' 제도를 도입했다.

당시 한국의 관세는 굉장히 높아, 일본에서는 100만 원대에 구매할 수 있는 골프채를 200만 원대에 구매해야 할 정도였다. 때문에 관광객에 한해서 관세 없는 제품을 팔아 수익을 높이자는 정책이 나왔던 것이었다. 면세를 통해 상품을 많이 팔 수 있다면, 상품들을 유통하는 과정에서 운송과 유통 시스템도 덩달아 발전할 수 있었다. 이처럼 정부는 여행객들을 대상으로 도시 곳곳에 '면세점'을 만들기 시작했다.

한국 공항의 면세점은 1962년에 김포공항에 도입되었다. 당시 김포공항 면세점은 한국관광공사와 보광상사 등 공기업과 민간업체가 공동으로 운영했다. 한국관광공사는 면세점의 수익을 통해 국내의 관광 사업 개발에 재투자를 하며 국내 관광 산업을 발전시키고 있었다. 그러나 한국관광공사는 공기업이라는 특성상 민간 기업보다는 수익성이 떨어지는 경향이 있었다. 특히 정부에서 운영하는 공기업의 한계는 사업을 추진하기 위한 결재라인에서 드러난다. 공기업은 민간 기업처럼 구매자들끼리의 협상과 계약 체결이 불가능하다. 게다가 공기업에 대한 국민의 기준도 엄격하여 실패했을 때 받아야 하는 지탄의 무게는 남다를 수밖에 없었다. 그럼에도 불구하고 면세점의 수익과 기업의 브랜드 이미지 홍보 효과가 크기에, 공항과 기업들 모두 면세점을 바라는 것이다.

공항의 수익은 크게 항공수익과 비항공수익으로 나뉜다. 항공수익에는 항공기 이착륙료, 활주로의 조명 사용료, 주기장 사용료 등이 있다. 비항공수익에는 공항 건물 내 매장의 임대료나 면세점 임대료, 식음료 매장의 매출이 속해있다. 인천공항이 개항 후 비항공수익에 집중했던 것은 항공수익이 보다 더 큰 수익으로 자리잡을 것이라는 예측에 기인한다. 비항공수익이 오른다면 항공수익에

속하는 이착륙 사용료를 올리지 않아도 되어 더 많은 항공사를 유치할 수 있기 때문이다. 이러한 구조를 도입한 인천공항은 결국 성공해서 세계적인 모범사례가 되었다.

비항공수익의 증가로 공사는 금융기관의 차입금은 물론 이자를 상환하며 정부에 높은 배당을 하고 있으니 가히 효자 공기업이라 할 수 있다. 공항의 전체 수익 중 60%를 차지하는 면세점과 상업시설 임대료 등이 크게 증가했기 때문이다.

김포공항만 면세점을 운영했을 시절에는 공항의 면세점 임대료는 5% 정도로 낮은 편이었다. 공항 당국은 공항 시설 개선을 위해 정부로부터 예산을 받아다 사용하는 구조였으며 사업자들은 상대적으로 높은 이익을 창출하고 있었다. 이에 인천공항은 사업자 모집 방식을 개선하고 경쟁 입찰 제도를 도입하면서 비항공 수익을 높이는 변화를 시작하였다. 사업자에게는 인천공항에서 매장 구성·배치(MD)와 품질 좋은 물건 판매, 세일즈 마케팅 강화 등 세 가지 조건을 제시하며 입찰을 실시했다. 다만 경쟁 입찰을 통해 올라가는 임대료 때문에 공항에서의 면세품 판매 가격이 올라가는 일을 방지하기 위해 시내 면세점의 가격보다 높아서는 안 된다는 가격 상한 조건을 계약에 명시했다. 인천공항의 면세점이 시내 면세점보다 낮은 가격으로 상품을 판매하게 하여 소비자의 신뢰를 받으며 세계 최대의 매출을 올리는 면세점으로 성장한 것이다. 단순히 한두 가지가 아니고 그 모든 기획들이 합쳐져서 이룩한 성과이다.

최고들의 만남,
루이비통의 인천공항 면세점 입점

고급스러운 갈색 가방에 새겨진 로고, 루이비통은 샤넬과 에르메스와 더불어 세계 3대 명품 브랜드로 통하는 명품 중의 명품이다. 특히 프랑스의 하이엔드급 명품 브랜드인 루이비통은 160년이 넘는 브랜드 역사상 공항에 입점하지 않는 원칙으로도 유명했다. 탑승 시간에 쫓겨 물건을 사는 공항은 최고 명품인 루이비통 브랜드와 어울리지 않는다는 것이었다. 실제로 루이비통은 영국의 히드로공항이나 두바이공항은 물론, 자국인 샤를드골공항에도 입점하지 않았다. 그러나 이러한 루이비통의 원칙을 깬 것이 바로 인천공항이다.

2010년 이전, 인천공항의 세계 면세점 순위는 항상 2위에서 3위에 지나지 않았다. 뭔가 다른 새로운 전환점이 필요했다. 공항 입점 자체를 꺼리던 루이비통 회장의 마음을 돌려놓은 것은 2008년 새롭게 문을 연 면세 쇼핑 공간, '에어스타 애비뉴Airstar Avenue'였

인천공항 제1여객터미널 출국장 중앙에 위치한 루이비통 매장

다. 에어스타 애비뉴는 하늘에서 빛나는 별과 같이 화려한 것들이
잔뜩 늘어선 대로Avenue, 즉 면세점들이 밀집한 쇼핑 공간이다.
말 그대로 별들이 모인 큰 도로를 뜻하는 '에어스타 애비뉴'는 세
계 최고라는 인천공항에 걸맞게 고급스럽고 낭만을 파는 곳으로
자리잡았다. 이처럼 깔끔한 공항시설과 에어스타 애비뉴라는 복
합문화공간은 루이비통 회장의 '공항은 번잡하고 시간에 쫓긴다'
는 기존의 인식을 뒤집었다. 인천공항 사장이 직접 루이비통 회장
을 맞이하는 열정과 서비스 정신도 그의 눈길을 끌었다. 무엇보다
세계 1등 명품 브랜드와 세계 1등 공항이 서로 만났을 때의 시너지
가 대단할 것이라는 설득이 유효타였다.

  그 결과 2010년, 루이비통 회장은 인천공항을 재방문하며 입점

을 결정했다. 세계 최초로, 자국 공항도 따내지 못했던 루이비통의 입점이었다. 루이비통 입점은 단순한 명품 브랜드의 입점이 아니었다. 세계 1등끼리의 만남으로, 서로의 가치가 한 단계 더 상승했다는 증거였다. '에어스타 애비뉴'라는 세계 최고의 면세 쇼핑공간과 더불어, 루이비통의 세계 최초 공항 입점은 인천공항 면세점을 단번에 세계 1위의 자리로 올려두었다. 어디든 빠짐없는 1위, 팔방미인으로 거듭난 인천공항은 '에어스타 애비뉴'와 함께 미래형 복합문화공간으로 발전하기 위해 더욱 정진하고 있다.

하지만 일부에서는 인천공항 수익구조면에서 항공수익보다 비항공수익이 훨씬 높아 비싼 임대료로 수익을 얻는다며 부동산 재벌이라고 부른다. 공항전문가들이 말하는 균형 있는 비율, 즉 비항공수익의 비율이 50%를 벗어나 60%를 넘기 때문이다. 그러나 비항공수익이 많다고 공항 운영의 구조가 좋지 않다고 폄하하는 것은 옳지 않다. 민영화된 영국 히드로공항은 공항의 안정적인 운영과 함께 수익성을 매우 중시하고 있다. 최근 세계 모든 공항들도 비항공수익을 늘리는 추세이며, 인천공항도 예외는 아니다. 하지만 항공수익과 비항공수익의 비율이 3대 7이나, 2대 8이 된다면 공항의 본래 기능을 내팽개친 채 수익만 쫓는다는 비난을 받을 수밖에 없을 것이다.

인천공항의 비항공수익은 대부분 면세점과 식음료업체, 입점은행 등 상업시설 임대료이다. 특히 상업시설 임대료는 해가 갈수록

국내 처음으로 개설된 인천공항 입국장 면세점에서 개장식이 열리고 있다.

늘고 있는 추세이다. 제1여객터미널에 입점한 면세점들은 2001년
부터 2008년까지 총 1조 2,716억 원을 임대료로 지불했다. 면세점
임대료 수익은 점점 늘어나, 인천공항이 2008년부터 2015년까지
거둬들인 면세점 임대료는 4조 1,871억 원이다. 그중 A기업과 B기
업은 매년 천억 원이 넘는 임대료를 지불하기도 했다. 특히 A기업
은 2012년에 3천억 원이 넘는 금액을 임대료로 지불하면서 한 기
업에서 지불하는 면세점 임대료가 2016년 최고치를 기록했다.

　A기업은 한 해에 5천억 원이 넘는 임대료를 지불한 것이다. 인
천공항에 입점한 기업들은 인천공항 면세점을 임대하기 위해 개
항부터 2019년까지 총 9조 6,996억 원, 인천공항 제1여객터미널과
탑승동을 짓고도 남는 금액을 지불해왔다.

인천공항 제1여객터미널 3층 출국장 면세점이 쇼핑객으로 가득하다.

인천공항은 공항 내부에 입점한 면세점 외에도 화물 터미널과 국제업무지역, Sky72 골프장 등 인천공항 시설구역 내에 있는 각종 토지·건물 임대료로 매년 천억 원 이상의 수익을 거둬들이고 있다.

비항공수익의 비율로 공항 운영에 대해 옳고 그름을 판가름할 수는 없지만, 일각에서는 인천공항의 기형적인 수익구조에 문제가 있다는 비판도 있다. 특히 면세점에만 의존하는 수익 구조는 면세점이 흔들리면 선제 수익이 흔들린다는 우려의 목소리이다.

미래의
인천공항 면세점

코로나19로 관광 산업이 크게 흔들리면서 면세점 입찰도 잠시 주춤해진 상태이다. 2019년 2조원에 달하던 매출은 2020년에 이르러 반토막이 났다. 코로나19 사태가 계속 진행될 경우, 2021년의 매출도 크게 하락한다는 것이 전문가들의 의견이다. 인천공항의 매출 반토막에는 그간 인천공항의 자랑으로 알려졌던 면세점 임대료 수익의 지분이 크다.

인천공항 면세점은 연간 2조원 이상으로 세계 최고의 매출을 기록했다. 세계 최고 공항에 입점해 있다는 홍보 효과와 함께 매출도 올라 코로나19 사태 이전만 하더라도 '황금알을 낳는 거위'였다. 예전에는 출국면세점에 입점하는 것 자체가 홍보이고 마케팅이었기 때문이다. 인천공항 면세점 입점은 수익과 광고 효과, 고용 창출을 동시에 할 수 있었다. 그러나 시내 면세점이 우후죽순 생기고, 인터넷 면세점이 활성화되면서 면세점의 수익은 서서히 하향

코로나19 사태로 인천공항 출국장 면세점이 텅 비었다.

곡선을 그렸다. 설상가상으로 코로나19 사태까지 터지자, 인천공항의 면세점은 완전히 '애물단지' 신세가 되어버렸다. 특히 제1여객터미널의 경우 일부 면세 사업권이 3번이나 입찰에서 낙찰되지 못한 채 다음 입찰로 연기되었고, 2001년부터 인천공항에서 '토박이'로 통하던 A면세점까지 어려움을 토로하며 인천공항을 떠날 준비를 하고 있다. 중견·중소 면세점 중 경영난을 견디지 못해 이미 철수한 곳도 있다. 코로나19 사태가 언제까지 갈지 모르는 상황에서 높은 임대료를 내고 영업할 수 없기 때문이다. 호황기라면 입찰을 포기하는 일은 발생하지 않았겠지만, 코로나19로 인해 하루 매출이 1억 원도 안 되는 상황에서는 문을 열어둘수록 적자가 증가하기 때문이다.

'역지사지易地思之'라는 말이 있다. 2001년 인천공항 개항 때부터 면세점들은 언제나 '을'의 위치에 있었다. 인천국제공항공사 전체 매출의 50% 이상의 임대수익을 부담하면서도 면세 사업권의 연속성을 위해 면세점들은 항상 눈치를 봐야 했다. 입찰 때마다 '최고가'를 쓰면서도 입찰 정보를 얻기 위해 귀는 항상 인천국제공항공사 쪽으로 열어두었고 어떻게든 좋은 관계를 유지하려고 노력했다. 인천공항의 집 주인은 인천국제공항공사이며, 면세점들은 임차인이기 때문이다. 그러나 코로나19 이후 경영난으로 방을 빼려는 면세점들에 대해 인천국제공항공사는 임대료 대신 면세품을 판 만큼에 대해 일정비율의 영업요율을 내게 하고 방을 빼지 못하도록 부탁하는 상황이 됐다. 인천공항의 '갑·을' 관계가 바뀌어 가고 있는 것이다.

인천공항에서는 점점 면세점의 적자가 늘어나고, 기업들도 하나둘 인천공항에서 발을 빼자 인천공항은 면세점 보호를 위해 면세점 임대료 감면을 시행했다. 2020년의 면세점 임대료 감면액은 총 4,740억 원이며, 그중 2,400억 원은 납부를 유예시켜주었다. 임대료 대신 매출에 따른 수익의 일정 비율을 받는 방식으로 면세점들이 숨통을 돌리고 있지만, 인천공항 입장에서는 수익성이 거의 없는 것이나 다름없다. 하지만 이렇게라도 하지 않으면 인천공항은 어마어마한 빚더미에 나앉게 된다. 인천공항은 정규직 직원 1600여 명과 3개 자회사 직원 1만 명 등의 인건비로 연간 수천억 원 정도를 쓰고 있다. 코로나19로 인해 수익이 적어진 시대에도 인건비가 고스란히 나가게 된 셈이다.

　그렇다면 이제는 더이상 면세점 수익에만 의지할 수는 없다. 다른 수익 창출 방안을 강구해야 할 것이다. 전 세계에서 인천공항의 비항공수익 증대 전략을 벤치마킹하면서 "한국의 인천공항보다 5%가 쌉니다" 식의 경쟁이 늘어나고 있으며 한국의 고객들도 구매 패턴이 변화하고 있다. 인천공항은 지난 20년 동안 면세점을 통해 큰 수익을 내며 성장해왔지만, 코로나19 사태로 공항 면세점은 초토화되었다. 이제는 새로운 상업 시설의 운영 방식을 검토해 볼 때이다. 시장이 변했고 소비자가 변하고 있다. 개항을 준비할 때 면세점 시장을 분석하고 예측했던 결과, 면세점 시장의 성장은 2025년경이 한계였다. 그러나 2015년 시내 면세점이 확대되고 온라인과 인터넷이 활성화되어 시장이 변화하자 예상보다 성장력의 한계가 더 빨리 다가온 것이다. 그간의 방식이 아닌 전혀 다른 방식으로 접근해야 할 것이다.

오감만족,
놀러가는 공항

"공항은 버스터미널이나 기차역처럼 비행기를 타고 내리는 공간이다."

예전의 공항은 말 그대로 비행기를 타고 내리는 '비행기 터미널'에 불과했다. 그러나 인천공항은 이러한 공항의 개념을 바꿔 놓았다. 해외여행이나 비즈니스를 위해 비행기를 타고 내리는 곳만이 아닌, 일반인들이 찾아와서 먹고 마시고, 즐기는 관광 명소로 만든 것이다. 특히 인천공항 제2여객터미널이 개장하면서 관광지 가치가 더욱 상승했다. 제2여객터미널과 더불어 파라다이스시티와 인천공항 북측에 복합리조트가 문을 열면서 인천공항은 관광과 오락과 문화가 흐르는 복합문화공간이 되었다. 인천공항의 복합문화공간으로 거듭나기 위한 노력은 지금도 계속되고 있으며, 이미 시민들에게 편의를 제공하는 시설들도 많다.

인천공항 제1여객터미널 교통센터 지하 1층에는 영화관이 있다.

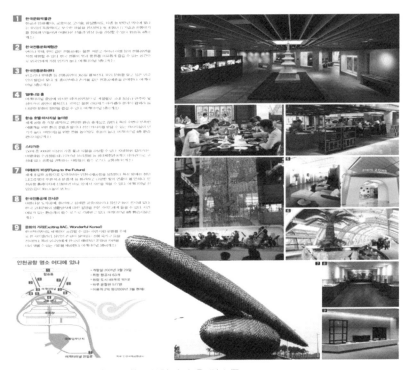

다양한 문화를 즐길 수 있는 공항의 숨은 명소들

영화관에는 해외여행객이나 환승객은 거의 없고, 가족과 연인, 공항 상주직원들이 주로 이용한다. 매표소에서 주차권을 구매하면 인천공항 단기·장기 주차 요금을 할인받을 수 있는 등 혜택도 크다.

또한 인천공항에는 피곤할 때 잠깐 잠을 잘 수 있는 국내 최초의 캡슐호텔 '다락휴休'가 있다. 제1여객터미널과 제2여객터미널 교통 센터에 각각 60실씩 모두 120실이다. 캡슐호텔의 객실은 1인실 2평 정도 되는 크기로, 싱글·더블침대와 샤워부스도 갖췄다. 캡슐 호텔의 장점은 박스 형태의 객실로 소음차단 시스템을 갖춰 소

인천공항 제2여객터미널 중앙광장에서 문화행사가 열리고 있다.

음이 거의 없다는 점이다. 비행기를 갈아타는 시간, 오랜 비행으로
지친 몸을 쉬게 할 수 있는 캡슐호텔은 국제선 이용객들에게 더없
이 필요한 시설이다. 또한 스마트폰으로 예약과 체크아웃, 객실조
명 및 온도조절까지 할 수 있도록 최첨단 장비가 설치되어 빠르고
편리하게 시설을 이용할 수 있다.

　제2여객터미널 중앙에는 항공기 이착륙을 바로 볼 수 있는 홍보
전망대가 있다. 인천공항 홍보존과 전망체험존, 브리핑존, 라운지
등으로 구성되어 있는 홍보전망대에서는 인천공항의 수하물처리
시스템BHS를 가상현실VR로 체험할 수도 있다. 특히 홍보전망대로
가는 길에서는 항공기를 타기 위해 체크인과 보안검색, 출국심사
를 마친 여행객들이 인천공항 면세점에서 쇼핑하는 모습도 볼 수
있다.

인천공항에는 여행객과 환송·환승객은 물론 상주직원, 국민들을 위해 미국과 영국, 중국 일본 등 대부분의 공항에는 없는 시설도 갖춰져 있다. 종교인들을 위한 기도실이 바로 그것이다. 종교인들을 위한 기도실은 제1·2여객터미널에 총 4곳 있다. 기도실은 기독교와 불교, 천주교, 이슬람 등 종교에 구분 없이 누구나 24시간 이용할 수 있다. 뿐만 아니라 만 8세 미만의 어린이들이 이용할 수 있는 놀이 시설도 15곳이나 있다. 아이들을 위한 놀이시설은 개방형 시설로 24시간 운영된다. 어린이들이 좋아하는 뽀로로와 타요 자동차, 미끄럼틀 등 각종 놀이기구도 갖춘 '키즈존'은 공항 서비스 지원 요원이 수시로 시설물을 점검하기 때문에 안전하게 이용이 가능하다. 키즈존은 35~50㎡의 공간이라, 아이들이 제약 없이 활발하게 뛰어놀 수 있으며 자녀들이 노는 동안 부모들은 면세점에서 쇼핑도 할 수 있다.

유아와 임산부가 이용할 수 있는 유아휴게실도 20곳이 있다. 내부에는 별도의 수유실과 함께 정수기, 기저귀 교환대, 이유식을 먹일 수 있는 아기용 식탁의자, 젖병소독기, 유아용 체중계, 손소독기, 수유쿠션, 아기를 간단히 씻길 수 있는 세면대 등이 갖춰져 있다. 유아휴게실도 24시간 운영되며 공항 서비스 요원들이 수시로 시설물을 점검한다. 또한 유아와 보호자를 위해 공항 내 모든 안내 데스크에서는 유모차를 무료로 빌려준다. 인천국제공항공사는 면세점 지역 5곳에 이용객들이 자유롭게 대여·반납하도록 무인 자

율대여소 5곳에 유모차 100대를 비치하고 있다.

　해외여행 중 무언가를 잘못 먹어서 배탈이 나거나 공항에서 갑자기 아플 때를 대비한 공항의료센터도 있다. 인하대학교 의과대학 부속병원인 의료센터는 제1·2 터미널에 한 곳씩 있어 환자들의 접근성을 높였다. 공항의료센터에서는 외래와 응급진료는 물론 예방접종, 건강검진도 할 수 있다. 중증환자의 경우 기본적인 응급처치 후 인근 대형병원으로 후송도 한다. 병상 23개와 산소공급기, 제세기 등 각종 의료장비도 갖췄다.

전통과 문화가
가득한 공항

　외국에서 비행기를 타고 한국으로 들어오는 사람들이 가장 먼저 보는 인천공항이다. 대한민국의 얼굴이라고도 할 수 있는 인천공항인 만큼, 국내외 여객들에게 대한민국의 전통을 알리기 위한 문화행사도 많이 진행하고 있다. 유명한 전통회화들을 전시한 벽들이나, 각 터미널 중앙에 위치해 금요일마다 문화행사를 진행하는 밀레니엄 홀이 대표적이다. 특히 인천공항은 한국의 문화를 알리는 일에 신경을 쓰고 있다. 전통박물관은 물론, 가끔 왕의 행차나 전통 혼례를 진행하기도 한다. 이러한 문화행사를 진행하는 공항은 아마 전 세계에서 인천공항이 유일할 것이다.

　특히 제1여객터미널 4층에는 소나무와 기와가 어우러진 '한국문화의 거리'가 있다. 에스컬레이터를 타고 4층으로 올라갔을 때 가장 먼저 마주치는 것은 '마음을 닦는다'는 뜻을 가진 '만경정'이라는 작은 정자다. 만경정에서는 여객터미널 3층 출국장에서 비행기

백남준 작품 전시회에 참여한 이어령 인천공항 문화예술자문 위원

를 타기 위해 바쁜 걸음을 재촉하는 여행객들의 모습이 한눈에 들어온다. 만경정을 거쳐 솟을대문으로 들어가면 전혀 새로운 풍경이 눈앞에 나타난다. 출국수속을 밟고, 면세품을 구매하기 위해 이곳저곳을 기웃거리는 여행객들과 이들을 매장으로 끌어들이기 위해 면세점들이 설치한 휘황찬란한 광고판이 발아래 펼쳐져 있다. 다리를 건너 안쪽으로 들어가면 활주로와 비행기를 바로 눈앞에서 볼 수 있는 '비선루'가 있다. 비선루에 앉아 대형 유리창 밖으로 커다란 비행기가 들어오는 장면을 마주하게 되면 '떠나고 싶다'는 탄성이 저절로 나온다. 예전에는 옛 선조들이 마을 어귀 당산나무 아래에 소원을 써 꿰어 놓았다던 새끼줄이 비선루 초입에 길게 처져 있었다. 울긋불긋한 천 조각에는 "우리 가족 건강하게 해주세요,

대박나게 해주세요, 원하는 대학에 붙여주세요" 등 여행객들의 다양한 소원이 빼곡하게 적혀 있다. 전 세계 1,700여개 공항 중 한국의 인천공항에만 있는 독특한 풍경이다.

인천공항 내부를 벗어나 실외를 바라보면 인천공항 서쪽 오성산 중턱에 '인천공항 전망대'가 있다. 공항 활주로 주변에는 해수면에서 45m가 넘는 산과 건물이 있으면 안 되기 때문에 공항 전망대는 인천공항 여객터미널과 활주로를 한꺼번에 볼 수 있는 유일한 곳이다. 전망대에서는 비행기가 활주로를 달려 하늘로 날아오르는 장관이나 육중한 비행기가 활주로에 내려앉는 모습을 볼 수 있다. 특히 인천공항 전망대는 시원한 바람과 전망으로, 대통령이나 외국의 귀빈들이 인천공항을 통해 입국할 때마다 빠지지 않고 찾는 명소이다. 또한 인천공항과 공항 신도시를 연결하는 자전거도로도 개설됐다. 20㎞ 길이의 자전거도로는 국제업무지역과 화물 터미널 등을 거치며 바다와 하늘, 항공기의 이착륙을 보고 즐길 수 있는 코스이다.

인천공항 제1·2 활주로 끝단에는 38만 5000㎡의 거대한 '하늘정원'이 있다. 봄이 되면 개나리와 철쭉이, 가을에는 코스모스가 가득하고 작은 개울도 흐른다. 날이 좋을 때면 돗자리를 깔아놓고 소풍을 즐기는 가족들도 눈에 띈다. 이따금 귀청이 떠나갈 듯한 소음 때문에 괴롭기는 하지만 '비행기의 배꼽'을 볼 수 있는 유일한 곳이다. 이처럼 인천공항은 단순한 여행이 아닌, 휴식을 위한 여가 공간으로도 완벽하다.

똑똑하고
다정한 공항

인천공항은 시대에 발맞춰 나아가는 공항이다. 인천공항에는 빠른 출국을 위해 여객이 체크인 카운터에서 줄을 서지 않고 항공권을 직접 발급받을 수 있는 자동탑승권발권기인 셀프체크인과 여행 가방을 직접 부치는 자동수하물위탁기인 셀프백드롭, 자동출입국 심사대가 설치되어 있다. 이 서비스를 이용하면 여객이 몰리는 성수기에도 보안검색을 제외하고 줄을 설 필요가 없다.

또한 해외여행 기대감에 설레며 인천공항에 도착했는데 여권을 집에 두고 왔거나 분실했을 때, 혹은 여권 만료기간이 다 돼 출국할 수 없다는 소리를 들었을 땐 무척 당황스럽기 마련이다. 그러나 제1여객터미널 3층 출국장 중앙과 제2여객터미널 2층 중앙 정부종합행정센터에 있는 외교부 영사민원서비스 사무실을 찾아가면 딱 한 번만 사용할 수 있는 긴급여권을 발급받을 수 있다. 영사민원서비스 사무실 인근에는 여권사진을 찍을 수 있는 장비도 준비돼 있다. 신분증과 여권분실 신고서, 긴급여권 신청 사유서 등 각

여행객 혼자서 항공권을 발급받을 수 있는
셀프 체크인과 자동출입국 심사대

종 서류를 작성해 제출하면 1시간 30분이면 발급이 가능하다. 이
때문에 항공사들은 3시간 전에 공항 도착을 권유하고 여권 유효기
간 확인을 당부하고 있다.

장애인과 임산부, 노약자 등 교통약자를 위해서도 다양한 서비
스가 제공되고 있다. 제1·2여객터미널 출국장에는 몸이 아픈 사
람이나 만 7세 미만 유·소아, 만 70세 이상 고령자, 임산부 가족,
국가유공자 등은 줄을 서지 않고 별도의 통로에서 보안검색과 출
입국심사를 3~5분 만에 간단히 끝내고 항공기에 탑승할 수 있는
교통약자 우대 출구를 운영하고 있다.

교통약자에 대한 또 다른 서비스도 있다. 인천공항 주차장이나
커브사이드에 내렸을 때 헬프 폰Help Phone으로 도움을 요청하면
휠체어 서비스도 제공한다. 이들이 여행 가방이 많고 무거워 힘들

때 픽업을 요청하면 전동차로 일반구역은 체크인 카운터까지, 면세지역은 탑승게이트까지 서비스한다. 유아를 위해서는 유모차 자율대여소를 마련해 이용객이 사용한 후 항공기 탑승구 앞에 두면 회수해 간다. 이 밖에도 청각장애인의 보청기 소리를 증폭시켜 주는 히어링 루프와 시각장애인에게 유용한, 점자로 된 인천공항 안내 책자도 제공하고 있다.

인천공항은 2015년부터 '스마트 공항'을 목표로 자동탑승권발급기와 자동수하물위탁기를 설치한 자동탑승 수속 전용구역을 아시아 최초로 운영하고 있다. 또한 만 19세 이상 성인은 자동출입국기를 통해 15초면 간편하게 심사를 마칠 수 있다. 출입국 심사는 향후 홍채 인식을 도입해 더욱 간편해질 예정이다.

출입국 절차가 자동화됐다고 하더라도 반드시 사람의 손을 거쳐야 하는 곳이 있다. 바로 보안 검색이다. 현재까지 보안 검색을 완전 자동화한 공항은 세계 어디에도 없다. 하지만 뒷모습까지 볼 수 있는 3D X-레이와 회전형 검색기 등 첨단 장비가 속속 개발되면서 보안 검색 자동화도 먼 미래의 일이 아니게 되었다. 인천공항은 보안 검색을 제외한 출국절차는 모두 자동화하여, 공항의 혼잡 해소와 여객 편익 증대에 크게 기여하고 있다. 인천공항은 더 나아가 항공사의 고정식 체크인 카운터의 한계를 극복하기 위해 여객에게 이동식으로 체크인 서비스를 제공하는 '포터블(이동형) 체크인 서비스'를 도입했다. 특정 시간이나 특정 항공편에 여객이 집중될 경우 이동형 체크인 카운터를 배치해 탑승 수속을 원활하게 처리하

인천공항은 노약자와 장애인 등 교통약자를 위해 전동차 픽업서비스를 하고 있다.

기 위해서이다.

물건을 사기 위해 지갑에 현금 대신 카드를 갖고 다니다 최근에는 휴대전화로 결제하는 것처럼 복잡했던 항공기 탑승 절차도 완전 자동화 시대를 앞두고 있다. 특히 앞으로는 집에서 택배로 여행가방을 부치고, 탑승권과 여권 없이 '얼굴 인식'만으로도 출국이 가능해질 수도 있다. 인천공항은 자동탑승수속에 만족하지 않고, '5 NO 스마트 인천공항'을 추진하고 있다. 택배로 인천공항으로 짐을 보내고 귀국 후에는 집에서 택배로 수하물을 받는(수하물 NO), 얼굴 인식만으로 출국이 가능토록 한다는 것이다(여권 NO, 탑승권 NO). 또 모바일 내비게이션에 항공편만 입력하면 제1·2터미널을 혼동하지 않고 찾아올 수 있게 하고(도착 오류 NO), 카카오톡에서 24시간 공항안내 서비스(공항 이용 불편 NO)를 제공한다. 또

짐을 갖고 터널을 통과하면 자동으로 검색이 완료되는 '차세대 터널형 보안검색'도 2023년 세계 최초로 도입할 예정이다. 점점 IT 기술이 발전하고 손 하나 까딱하지 않아도 모든 것이 이루어지는 자동화 시대, 인천공항은 시대보다 앞서 고객들의 편의를 충족시키기 위해 계속해서 발전하고 있다.

인천공항에는 세계 공항 중 최초로 노인과 임산부, 장애인 등 교통약자를 위한 실내 자율주행 전동차인 '에어 라이드Air Ride'와 짐을 운반해 주는 '카트로봇'이 운영되고 있다.

제1여객터미널 입국장 면세점과 제2여객터미널 출국장 면세점에 배치된 에어 라이드는 여객이 전동차에 부착된 터치스크린을 통해 항공편을 선택하거나, 이동할 게이트를 선택한 후 탑승하면 목적지까지 데려다 준다. 한번에 4명까지 탈 수 있어, 어린아이와 함께 이동하는 가족들이 탑승하기 제격이다.

제1·2여객터미널과 탑승동에 각각 2대씩 배치된 카트로봇은 로봇이 짐을 싣고 여객을 따라가는 추종 주행모드와 탑승권을 인식하거나 목적지를 설정하면 로봇이 목적지까지 앞장서서 여객을 안내하는 자율 주행모드로도 이용할 수 있다. 카트로봇은 최대 50㎏까지 수하물을 실을 수 있다.

인천공항에서는 터미널 곳곳을 혼자 돌아다니는 안내로봇 '에어스타AirStar'도 만날 수 있다. 에어스타는 자율주행과 음성인식, 인공지능 등 각종 첨단기술이 접목된 로봇이다. 높이 1.6m에 무게 135㎏인 이 로봇은 장애물을 피해 다니면서 한국어·영어·중국

인천공항 안내로봇 '에어스타'

어·일어 등 4개 언어로 음성 안내 서비스를 하고 간단한 대화도 가능하다. 또한 터치스크린 조작이나 바코드 인식 등을 통해 인천공항 시설물에 대한 각종 정보도 안내한다. 이 로봇은 비행기 시간표와 체크인 카운터 위치, 기내반입 금지 물품, 보안검색 절차와 인천공항의 각종 시설들을 알려주고 여객이 원할 경우 목적지까지 데려다 준다. 여객들의 사진도 찍어 이메일로 전송해 준다.

자율주행 기능을 탑재한 최첨단 로봇들이 돌아다니는 인천공항에서는 가끔 해프닝이 발생하기도 한다. 에어스타와 카트로봇이 마주쳤을 때, 서로 길을 비켜주지 않고 마주 서있는 것이다. 이용객의 편의를 위해서는 개선되어야 할 부분이지만, 로봇들의 귀여운 실수는 공항 사람들에게 잠깐의 즐거움을 선사하기도 한다.

제4장

인천공항
20년의
발걸음

그저 동북아 작은 반도의 공항이 될 수도 있었던 인천공항이 동
북아를 넘어 세계적 공항으로 성공하기까지의 이야기는 파란만장
하다. 인천공항의 성공 비결을 궁금해 하는 국가들은 인천공항에
직접 찾아와 기술 제휴를 부탁하기도 한다. 그런 인천공항의 성공
비결을 간단하게 요약해 보자면,

첫째, 중앙정부의 혜안 있는 정부의 항공산업 발전을 위한 허브
화 전략과 치밀한 추진계획, 적극적인 지원이다. 최초의 인천공항
계획은 김포공항과 같이 국제선과 국내선의 동시 운영을 하는 것
이었다. 그러나 미래의 변화에 대비하기 위해 건설교통부는 인천
공항과 김포공항의 이상적인 역할 분담과 인천공항의 허브화 전략
에 대한 연구를 한국교통연구원에 의뢰하였다. 결국 김포공항은
국내선 전담공항, 인천공항은 국제선 전담 공항으로 지정되었다.

1990년대 세계적으로 이슈가 되고 있는 허브화 공항 전략을 치

2008년 인천공항 2단계 그랜드 오픈 기념식에서 이명박 대통령이 기념사를 하고 있다.

밀하게 구상하고 계획한 것이다. 국토교통부는 일찍이 인천공항의 '동북아 허브공항 육성'을 항공 정책 최우선 순위로 정하고 이를 제1차 항공정책기본계획에 반영하여 건설 단계에서부터 국가적으로 강력히 추진하게 했다.

　둘째, 세계 최고의 공항을 염두에 둔 철저한 시공과 최고 수준의 설계 및 자재 선정이다. 인천공항의 성공요인은 사회간접자본인 공항산업의 특성에 맞추어 기본에 충실하면서도 세계 최고 공항에 걸맞는 설계와 철저한 시공에 있었다. 특히 이용객 중심의 공항 편의시설 확보는 물론, 고객 서비스 제공을 위한 끊임없는 노력도 빠트릴 수 없다. 무엇보다 시장의 변화에 능동적, 적극적으로 대응하며 변화를 두려워하지 않고 끊임없이 도전하고 진화하는 모습을

공항을 구성하고 있는 모든 기관과 종사원을 하나로 묶을 수 있는 공동의 목표 수립

'동북아 허브 공항 구현', '세계 최고 공항 구현' 등의 추상적인 목표가 아닌 35,000여명의 공항가족이
고객을 위해 지켜야 할 구체적인 목표를 제시

공동의 목표	공항이용객의 95%를 출국 45분 이내, 입국 40분 이내 처리

공동의 목표 수립 프로세스			
Phase 1 공동의 고객 및 Needs 정의 (Define Target & Service)	**Phase 2** 문제점 수집 및 분석 (Prioritize Issue)	**Phase 3** 공동의 목표 설정 (Synthesize Finding)	**Phase 4** 운영 및 Feedback (Implementation/Evaluation)
✓ 인천공항 고객 구분 및 타깃 고객 선정	✓ 문제점 별 우선순위 선정	✓ 고객의 기대수준 정의	✓ 지속적인 모니터링 시행
✓ 다양한 채널을 통한 타깃고객 Needs 분석	✓ 접점 및 제공되는 각 서비스 별 우선순위 선정	✓ 인천공항만의 목표 설정	✓ 외부 평가기관 결과공유 및 분석

새로운 도전을 위한 공항 상주기관의 공동 목표 수립

꼽을 수 있을 것이다.

셋째, 인천공항공사 CEO의 리더십이다. 1994년 신공항건설공단
설립 이후 2012년 4대 사장까지의 CEO는 최고의 적임자를 임명한
정부의 의사결정도 빼놓을 수 없다. 특히 인천공항은 공기업이기
에, 혁신적인 시도를 계속하기에는 국민과 정부의 눈치를 볼 수밖
에 없었으나 적재적소에 임명된 CEO들은 모두 성공적인 공항 건
설과 운영에 집중하였다.

넷째, 그렇게 임명된 CEO는 초지일관 국가와 공항, 고객을 위해
희생하고 봉사한다는 사명감을 끝까지 지켰다. 적극적으로 미래
지향적인 공항 건설에 임했으며, 운영 개선을 위해 부단히 리더십

각 기관별로 공동의 목표 달성을 위한 자발적인 자료공유와 다양한 형태의 협업 체계 구축

공동의 목표인 출입국 시간 단축은 **상주 기관들의 협업**이 필요한 목표로, 모든 분야가 효율적으로 이루어져야 달성 가능

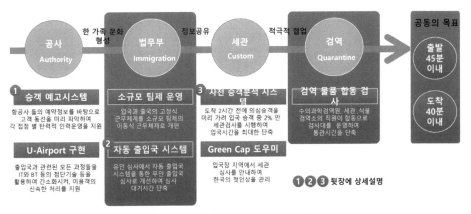

각 기관별 업무를 하나로 묶는 시스템 구축 프로그램

을 발휘하는 한편, 적절한 긴장감을 조성하여 임직원들을 끊임없이 독려했다. 필요한 경우 분야별 전문가를 과감하게 스카우트했고, 성과 지향적으로 회사를 움직였다. 해당 업무에 맞는 적임자를 능력 위주로 선발하여 배치한 것이다. 기존 직원들도 CEO의 창조적 혁신에 자극을 받고 업무에 적극적으로 참여한 결과 큰 성과를 거둘 수 있었다. 명장 밑에서 명장이 나는 법이다. 훌륭한 리더들과 함께 일했던 직원들 또한 최고의 인천공항이라는 공동의 목표를 이루기 위해 뛰어난 능력을 보여주었다.

새 술은 새 부대에
초대 사장의 리더십

저수지에 고여 있던 물은 결코 졸졸 흐르는 시냇물처럼 깨끗해질 수 없다. 인천공항은 창조적 혁신과 도전이라는 시냇물을 가지고 거대한 강을 만들기 위해 건설 단계부터 여러 가지 시도를 해왔다. 그 도전의 중심에는 초대 강동석 사장이 있다. 원래 인천공항은 건설이 완료되면 한국공항공사에서 공항을 맡아 운영하기로 예정되어 있었다. 강 사장은 1994년도 신공항건설공단 설립과 이사장 취임을 계기로 변화와 혁신을 통하여 인천공항 건설에 전념하기로 결정했다. 그는 공항 개항과 운영에 대비하여 '새 술은 새 부대에 담자'는 격언을 근거로 인천공항공사법 제정을 추진했다. 그 결과 인천국제공항공사가 인천공항을 운영하도록 하는 법을 통과시켰고 이에 맞게 건설과 운영 준비에 전폭적으로 매진하였다.

강 사장은 교통부 기획관리 실장과 해운항만청장을 거쳐 교통안전공단 이사장을 하고 있었으며 행정의 달인, 브리핑의 대가라는 명성이 자자했다. 업무 파악 능력과 대안 제시 등 혜안은 물론 미

178 ✈ 스무 살 인천공항 이야기

인천공항 건설 주역인 강동석 초대 인천국제공항공사 사장

래를 위한 일이라면 격식 없이 토론하고 논의하여 결정하는 데에 주저하지 않았다. 새로운 것을 받아들이는 유연성과 모든 일을 사전에 철두철미하게 계획하는 준비성이 뛰어났다. 여의도에 있던 본사를 영종도로 옮긴 현장 중심형 리더이기도 했다.

특히 '패스트 트랙' 공법을 도입하여 사업 기간을 단축시켰을 뿐만 아니라, 95년 기본 계획 변경과 99년 신공항 운영 주체를 바꾸는 업적도 이루었다. 그의 신념은 인천공항의 '미래'를 보게 만들었다. 당장 눈앞의 일을 고집하는 것이 아니라, 한수 두수 세수 너머를 보는 리더십을 갖췄다. 여기에 더해, 누가 뭐라고 해도 한 번 결정한 일은 끝까지 끌고 가는 강단이 있었다.

또한 괜한 분란을 없애기 위해 직원들에게 도박을 금지시켰다. 당시에는 직원들이 퇴근 후 식사를 하면서 고스톱을 치거나, 골방에 모

여 포커 게임을 하는 일들이 비일비재했다. 유일한 놀이 문화이자 스트레스 해소용 게임이었기 때문이다. 그러나 강 사장은 건설 현장인 숙소에서 게임을 하는 것이 적발될 시 엄벌에 처한다고 단단히 일렀다. 도박은 어딜 가든 불화를 일으키는 원인이기에 차단한 것이다.

그는 성공적인 인천공항 개항 1년 후 공항을 떠났지만, 한국전력 사장을 거쳐 국토교통부 장관까지 역임한 훌륭한 리더였다. 인천공항을 떠난 후 지역 주민들이 그의 업적을 기리기 위해 기념비를 만들어 기념식에 초청하였으나 정중하게 고사하였다. 모든 공직을 마무리하고 영종도에서 살 계획이었으나 만약 기념비를 세우면 영종도에 들어가지 않겠노라고 극구 사양한 것이다. 주민들은 그 뜻에 따라 기념비를 철회했지만, 아마도 마을 어딘가에 아직도 보관되어 있을 것이다.

공항 운영의 안정화와
새로운 경영의 출발점

　인천공항은 초반에 건설비용 중 많은 부분을 공사채 차입을 통하여 비용을 조달하였다. 제1여객터미널(1단계) 건설 사업 예산 중 60%를 차입, 40%만을 국고에서 부담하였다. 특히 2단계, 3단계 확장 사업비는 공항공사가 대부분 부담하여 조달한 관계로 부채는 여전히 남아, 지금도 인천공항의 부채 상환은 계속되고 있다. 제1여객터미널 건설이 끝나고 탑승동(2단계) 건설 사업이 진행될 때, 약 3조원 정도 되는 전체 예산 중 국고 지원이 23%로 확 줄어들어서 인천공항의 차입금은 늘어갈 수밖에 없었다. 그런 상황에서 2대 사장인 조우현 사장 시절 처음으로 인천공항의 흑자가 나기 시작하였다.

　조우현 사장은 성공적 개항 이후 인천공항을 국가 브랜드로 만들기 위해 노력하였으며 그 대표적인 노력으로는 공항의 서비스 개선을 들 수 있다. 지금이야 인천공항의 서비스가 12년 연속 수상

제2대 조우현 인천국제공항공사 사장

을 할 만큼 좋기로 유명하지만, 사실 그 반대였던 적도 있다. 2002
년, 개항 직후에는 세계 공항서비스 평가에서 매우 낮은 점수를 받
았었다. 탑승수속과 입출국, 통관 등이 비효율적으로 처리되었으
며 고객 접점에 있는 직원들의 서비스 인식 수준도 낮았던 것이다.

조 사장은 이러한 문제를 해결하기 위해 서비스개선위원회를 발
족하였다. 모든 공항의 기관이 참여하고, 공사의 사장을 중심으로
운영되는 서비스개선위원회가 만들어진 것이다. 고객 중심의 CS
경영 체제가 들어선 것도 이때였다. 서비스개선위원회는 상주기
관과 직원들 간에 산재했던 문제를 매끄럽게 해결해 나가는 한편,
직원들의 동참도 유도해나갔다. 아무리 위에서 열심히 개선을 한
다고 해도, 고객은 직접적으로 느끼는 서비스에 더 큰 영향을 받는
다. 직원들도 그러한 문제를 인식하고, 점차 서비스를 개선하였다.

2004년 여객 6000만 명 기념식이 열리고 있다.

인천공항 전체가 거대한 유기체로 돌아가기 시작한 것이다.

또한 인천공항을 허브공항으로 만들기 위한 초기 전략을 계획하였다. 여객과 항공사 유치, 물류 시설을 확충하는 등 동북아 물류 허브공항으로 자리매김하기 위한 수많은 노력들이 있었으며 공항의 일부분을 자유무역지역으로 지정하기도 했다. 외부의 개입으로 인한 변화와, 내부의 힘만으로 이루어진 변화는 다르다. 인천공항을 동북아 최고의 공항으로 도약시키기 위해 사장이 솔선수범하여 직원들의 자발적인 동참을 유도하였다는 점에서 의미가 크다 하겠다.

인천공항,
르네상스가 찾아오다

앞서 1대와 2대 사장이 기반을 다진 인천국제공항공사는 제3대 다국적기업 CEO 출신 이재희 사장이 부임하게 되었다. TNT 익스프레스 아시아 지역본부 CEO와 유니레버 코리아 CEO를 역임한 그는 경영의 전문가였다. 인천국제공항공사의 1대와 2대 사장은 모두 공무원 출신이었다. 그러나 인천공항이 필요했던 것은 글로벌 기업으로의 도약이었으며 도전적이고 창의적인 경영관리가 필요했다. 그는 부임하자마자 지속 가능한 경영 전략을 들고 왔다. 이미 글로벌 기업들과 앞서가는 한국의 기업들은 도입했고, 서울대학교 경영학부에서도 지속 가능 경영의 강의가 시작된 지 오래였으나 공공부문에서는 이해가 부족하였다. 지속 가능한 경영이란 사회적 이슈인 투명성, 윤리성 등의 이슈를 종합적으로 균형 있게 고려하면서 지속 가능성을 추구하는 경영 활동을 의미한다.

인천공항은 개항 이후 4년 동안 공항 관리와 건설관리 등 단기적인

제3대 이재희 인천국제공항공사 사장

개선에 비중을 둔 반면 지속가능한 장기적인 계획에는 취약하였다.

　이재희 사장은 인천국제공항공사의 분위기 쇄신을 위해 '공항을 젊게 하자!'라는 슬로건을 내세웠다. 다국적 기업의 CEO 출신인 만큼 국제적인 마인드를 가지고 있는 그는 인천공항의 세계화를 이룩했다. 비교적 인지도가 덜한 아시아의 지방 공항이었던 인천공항을 세계 무대로 끌고 나간 것이다. 공항이 현재 여객만으로 먹고 살 수 있겠는지, 새로운 성장 전략이 무엇인지에 집중하였다. 이재희 사장은 중상기 전략을 수립하면서 단기적으로도 실행 가능한 실천 전략을 끊임없이 주문하고 확인하였다. 단순히 목표와 꿈을 만드는 것에서 벗어나, 그것을 성공시키기 위한 구체적인 방법에 대해 고민하였다. 움직이지 않는 조직의 원인과 상황도 잘 알고 있기에 직원들을 강하게 리딩하면서 집요하게 실천계획을 추진하였다.

　기업문화와 정서를 단시일 내에 변화시키기 위해 강력한 드라이브를 쉼 없이 걸었으며, 글로벌 기업의 발달된 다양한 교육과 프로그램을 도입하였다. 새로운 기업문화를 접한 직원들은 그의 리더십을 힘들게 따라가면서도 긴장의 끈을 놓지 않았다. 자체 연수원을 건립하여 교육 프로그램으로 직원들의 역량을 강화시켰으며 해외 교육 출장을 과감하고 적극적으로 도입, 시행하였다. 그러한 집요함에 의한 지속 가능한 전략 계획과 실천으로 오늘의 인천공항이 글로벌 스탠더드에 부합하는 공기업이 된 것이다.

　이재희 사장은 공항의 면세점 사업 발전에도 매우 많은 영향을 끼쳤다. 2006년 제2기 상업시설 입찰을 진행하였다. 상업시설은 인천공항의 수익 가치를 높이는 중요한 역할이라고 강조하고 외국 공항들의 사례를 분석하여 이를 인천공항에 맞게 도입시켰다. 상업시설의 매장 배치MD를 획기적으로 디자인하는 리모델링을 과감하게 진행하였고, 외국의 전문 기업에 컨설팅을 의뢰하여 직원들이 전문 지식을 쌓게 하였다. 기존의 공기업이 경험해보지 못한, 민간의 사업 마케팅 기법을 이때 배운 것이다. 공항의 고객이 누군지, 한국인 또는 외국인인지, 남성인지 여성인지, 구매 연령대는 20대인지 50대인지, 그들은 공항의 상업 시설에 무슨 매력을 느껴 방문하는 것인지, 몇 시간 동안 매장에 머무는지. 고객의 특성을 분석하여 MD 구상을 하는 등 민간 기업의 마케팅 기법을 흡수하

도록 했다. 그의 경영 리더십은 적중하였다. 그런 과정을 통해 사업자를 선정하고 고객의 취향에 맞는 상품을 구성한 결과 입점사의 매출이 증가함은 물론 매장 방문객이 늘어났고 인천공항의 판매 상품에 대한 신뢰도가 높아지면서 특히 중국 관광객들의 상품 구입이 크게 증가하였다. 인천공항의 성공사례가 외국에 전해지자 많은 외국 공항 관계자들이 인천 공항의 성공사례를 보고 배워 가고자 인천국제공항공사를 방문하였다.

이재희 시장은 매우 훌륭하고 솔선수범하면서 뛰어난 장수였다. 인천공항을 세계 속에 브랜딩시키기 위해, 전쟁터에서 장렬히 전사할 각오를 가지고 병사들을 독려하고 긴장시키며 결국 전쟁을 승리로 이끈 장수 말이다. 그는 부임하면서부터 '나는 여기 일하러

'세계를 향한 도전! 위대한 여정!' 인천공항공사 임직원 워크숍

왔으니 나를 시험하거나 흔들지 말라'며 의사를 분명히 밝혔다. 초
심을 잃지 않고 일했고, 직원들을 직접 가르치며 핵심 리더들을 양
성시켰다. 다만, 건설 당시 중추적 역할을 했던 리더들이 일시적으
로 퇴임하면서 경험이 있던 중간 관리층이 약해지는 현상이 있었
다. 조금 어렵거나 자신이 없으면 외부의 컨설팅에 의뢰하는 관행
을 없애고 직원들이 직접 연구하고 분석하고 공부하는 분위기를
유도하였다. 이렇게 공사의 인재들을 양성하고 실력을 향상시킴
으로써 공사의 중흥기라는 위대한 업적을 이루었다. 한편, 외부에
의뢰하면 쉽게 할 수 있는 일인데 법에서 정한 기준이 아니면 꼭
직접 하게 했으니 이를 불편해하는 일부 직원들이 있었던 것도 사
실이다.

인천공항
미래의 주역을 키운 리더

제4대 이채욱 사장은 자율적인 책임 경영을 강조했으며 조직이 살기 위한 갈림길에서 방향을 제시해줬다. 일반적으로 공기업은 리더가 바뀌면 회사의 경영 전략도 대폭 수정된다. 그러나 4대 사장은 3대 이재희 사장의 전략을 크게 수정하지 않았다. 잘된 점은 계승, 발전시키고 부족한 부분은 보완, 발전시켰다. 부분적으로 문제가 있는 것만 바꾸는 방식으로 운영했다. 그 역시 GE 아시아 지역 회장 출신인 글로벌 기업 CEO였다. 우리와 거래 관계에 있는 고객이 잘 되어야 우리 회사가 발전한다는 경영 철학을 끊임없이 강조하였다. 이를 위한 실천적인 프로그램을 많이 도입하였다. 이채욱 사장의 중요한 경영철학 중 하나는 '갑질하지 말라'였다. 2008년 글로벌 금융 위기로 공항 이용객이 줄어 입점 업체들이 적자가 나던 시절, 상생과 동반 성장의 차원으로 임대료를 깎아주는 제도도 이채욱 사장이 도입한 것이다. 요즈음 코로나로 힘든 자영

제4대 이채욱 인천국제공항공사 사장

업자들을 위해 임대료를 감면해주는 착한 임대인들이 칭찬을 받듯이 이미 인천공항은 2008년부터 착한 임대인이 되었던 것이다.

또한 새로운 인사제도를 도입하여 조직인사의 투명성을 강화하였다. 인사권 행사를 사장은 본부장과 1급까지, 임원은 2급까지, 팀장은 팀원까지만 가능하게 했다. 다시 말해 같이 일할 사람을 팀장이 공개적으로 신청을 하고, 해당 부하직원은 팀장과 협의하여 일하도록 하는 획기적인 제도를 도입하였다. 상사가 업무 실력이 없거나 성과를 내지 못할 경우에는 신청이 들어오지 않을 것이고, 반대로 아래 직원이 업무 성과가 좋지 못하면 같이 일할 상사가 없을 것이다. 여기저기서 거부당하는 '기피 인물'이 있다면 직급에 상관없이 문제점을 지적해 서로가 개선할 수 있도록 기회를 주고

이채욱 사장이 아랍에미리트 항공의 A380 인천공항 첫 취항을 축하하고 있다.

1년 후 개선이 되지 않으면 재교육하는 제도를 도입했다.

회사 상사와 부하직원 간의 관계가 쌍방 화살표가 되게 하여 업무 중심형으로 회사의 문화를 정착하였다. 또한 간부 청문회를 도입하여 서로의 리더십을 이해하게 하는 제도를 도입하는 인사 관리 방식과 '뉴스페이퍼 테스트'를 도입했다. 관련 법규나 규정이 애매하고 어렵고 중요한 의사결정을 해야 할 때 판단의 기준이 신문에 실려도 좋은지, 당당한지를 기준으로 판단하게 한 것이다. 매우 효율적이고 합리적인 제도로서 직원들도 다들 자신 있게 일할 수 있었다.

내부 운영 면에서는 출장복명서와 차량운행일지를 없앴다. 인천국제공항공사 직원들은 잦은 해외 출장과 이에 따른 출장 결과를 보고한다. 그러나 이채욱 사장은 형식적인 복명서보다는 해외에서 보고, 듣고, 느끼는 것이 무엇보다 중요하다고 판단했다. 차량 운행일지 역시 일거수일투족을 감시당한다는 의식이 팽배한 만큼 이를 없애고, 직원들이 조직을 위해 자발적으로 일할 수 있는 분위기를 조성하기 위해 힘을 썼다.

또한 그간 비교적 홀대받았던 화물 터미널에 투자하며, 인천공항을 진정한 '허브공항'으로 발돋움하게 해주었다. 이채욱 사장은 화물 터미널을 설계할 때도 엔지니어나 전문가의 설계를 가장 최우선으로 생각하여 설계 조건들을 꼼꼼히 따졌다. 그렇게 인천공항의 또 다른 힘으로 물류가 자리잡았고, 지금 관점으로 보면 코로나19로 여객이 감소된 상태에서도 간신히 버틸 수 있었던 것은 바로 물류의 힘이 아닌가 생각해 본다. 어쩌면 이것 또한 이채욱 사장의 선견지명일 것이다.

아울러 해외사업진출에 많은 노력을 기울였다. 2009년 2월, 이라크 아르빌신공항 운영 지원 사업을 시작으로 2009년 10월 러시아 하바로브스크공항 마스터플랜 수립용역, 2010년 8월 필리핀 막탄세부공항 M/P 및 F/S 사업, 2010년 10월 러시아 하바로브스크공항 지분 투자 사업 등 본격적인 해외사업을 추진하여 현재 해외사업 진출의 기반을 마련하였다. 특히 필리핀 공항사업 수주를 위하여 수시로 필리핀을 방문하여 교통부 장관(후일 총리직을 수행)을 만나는 등 적극적인 해외사업 의지를 나타냄으로써 퇴임 후에도 필리핀 프란세스공항 확장사업에 참여할 수 있는 기반을 마련하였다.

취준생 선호 1위,
인천공항

　인천공항은 세계 서비스 평가 12연패와 해외공항 건설 운영 컨설팅 등의 사업 추진으로 전 세계에 '인천공항'이라는 브랜드를 알렸다. 또한 인천공항은 인천에 지어진 공항이기에 정부의 공기업 지방 이전 정책에서도 자유롭다. 다른 공기업들이 하나 둘 지방으로 내려갈 때 인천공항은 수도권의 공기업으로 남아, 지원자들의 사랑을 받게 된 것이다.

　취업준비생들이 가장 선호하는 인천공항은 매번 공채에 어떤 기업에서든 채용하고 싶어 하는 뛰어난 전문가들이 대거 지원한다. 물론 인천공항은 정부의 고졸 채용 확산 정책에 따라, 매 공채마다 일정 비율 이상의 고졸사원을 채용하고 있다. 다만 고졸 채용의 경쟁률은 60대 1로, 인천공항 전체 공채의 경쟁률보다는 낮지만 '바늘구멍에 들어가기'인 것은 동일하다. 인천공항의 공채 경쟁률은 기본이 100대 1을 넘으며, 높을 때는 300대 1까지 뚫은 적이 있다.

해가 갈수록 높아지는 청년 실업률과 불확실한 미래에 대한 두려움은 취업준비생들이 인천공항을 선호하게 만들었다.

워낙 선망받는 직장이고 실제로도 대단한 기업인만큼, 내부 임직원들은 인천공항 직원이라는 자부심이 대단하다. 이러한 자부심은 조직을 강하게 뭉쳐 앞으로 나아가게 만들지만, 지나칠 경우 배타적으로 변할 수 있다. 고용 안정화를 위해 행한 '비정규직의 정규직화' 문제에서 이러한 자부심의 단점이 여실히 드러났다.

모두가 선망하는 직업이라는 점과, 직원들의 소속감이 강해 '비정규직의 로또 당첨 취업'이라며 일부에서 비난하기 시작한 것이다. 엄격하고 까다로운 입사 과정을 거쳐 채용된 사람과, 상대적으로 취업이 용이한 협력회사로 고용된 사람이 동일한 월급을 받는 것은 부당하다는 의견이다. 하지만 비정규직이 정규직으로 전환된다고 월급까지 동일해지는 것은 아니기 때문에 '로또 취업'이라는 말은 오해이다.

정부와 인천공항이 추진하는 정규직화의 목적은 사회 전반의 고용안정이다. 인천공항은 건설 후 20년이 지나기까지, 경영 효율화를 위해 공항 업무 전체 종사자의 80%를 용역업체의 비정규직으로 채워 넣었다. 용역업체의 직원들은 개항 때부터 있었으나, 개항 후부터 지금까지 인천공항에서 일하는 정규직과는 다르게 5년마다 용역업체가 변경되면 재계약을 하게 되는 '비정규직'이다. 공항에서 실질적으로 하는 업무는 그대로이지만, 소속회사만 바뀌면서

계속 근로 계약을 이어나가게 되는 것이다. 다만 5년마다 소속회사가 바뀌어 재계약을 하는 과정에서 불성실한 사람들과는 계약을 해지하면서 인원을 조정할 때 '고용불안'이 발생한다. 인천공항은 이런 고용불안을 줄이기 위해 자회사를 설립하여 기존에 고용되어 있던 비정규직들을 자회사의 정규직으로 전환시켰다. 인천공항의 비정규직들은 인천국제공항공사라는 공기업이 아니라 인천국제공항공사의 자회사로 들어가는 것이다. 때문에 기존 직원들의 임금에는 변동이 없으며, 전환된 비정규직들의 임금도 기존과 동일하다. 비정규직의 정규직 전환은 고용안정을 목표로 하기 때문이다.

특히 논란이 되는것은 보안검색요원들이다. 일부에서는 '아르바이트에서 로또 맞아 정규직으로 넘어간다'고 비난하지만, 이러한 발언은 인천공항은 물론 현장에서 열심히 근무하는 보안 검색요원에게도 무례한 비난이다. 테러 등의 위협에 시달리며 한시도 긴장의 끈을 놓을 수 없는 공항의 보안 검색요원은 일반적으로 생각하는 '아르바이트'의 모습과 상당한 거리가 있다. 인천공항의 보안 검색요원이 되려면 경찰청에서 지정한 특수경비원 교육기간에서 88시간 전문교육을 받아야 한다. 또한 검색요원 초기교육으로 이론과 실무 48시간, 현장직무교육 80시간 등 216시간을 교육받아야 보안 검색요원이 될 수 있다. 아무나 될 수 없는 인천공항의 보안 검색요원은 '특수경비원'으로 분류된다. 정규직들이 공채를 통해 입사하듯, 보안 검색요원도 일정 교육을 받고 시험을 본 후 입사한 직원들이다. 엄연한 자격을 갖춘 보안 검색요원을 향해 '아르바이트에서 로또취업'이라고 손가락질하는 것은 과하고 무례한 처사이다.

물론 하루하루 쫓기듯 살며 취업 불안에 시달리는 취업 준비생들이 이러한 사안을 국민청원까지 올려 질타하는 것 또한 부분적으로는 이해가 간다. 청년 실업률이 높아지면서 더욱 각박해진 사회 분위기 속에서 열심히 준비하던 취업 준비생들은 상대적 박탈감을 느꼈을 것이다.

　인천공항은 처음부터 '신의 직장'은 아니었다. 공항이 지어지고 있을 무렵, 직원들은 아침 6시면 신도림에서 버스를 타고 인천 서구 율도나 중구 월미도에서 영종도까지 배를 타고 출퇴근을 해야 했다. 배 시간을 맞추지 못하면 지각할 수 밖에 없었다. 그렇게 하루 일과를 마치고 집에 도착하면 밤 12시, 직원들은 차라리 월요일에 출근하여 금요일까지 숙소에서 지내는 것을 선택하며 과업에 몰두했다. 이렇게 일주일 내내 근무했던 사람들은 야간까지 근무하는 경우도 있었지만 지금처럼 흔한 초과 근로자를 위한 제도가 없어 야근수당도 받지 못했던 시절이었다.

　신의 직장은커녕, 그다지 선호하지 않던 일자리가 바로 인천공항(당시는 신공항건설공단)이었다. 하지만 인천공항은 단군 이래 대규모 건설이라는 말까지 있을 정도로 대단한 사업이었고, 그만큼 참여자들의 열정도 대단했다.

인천공항 고속도로 개통 전 공항 건설 직원들이 배로 출퇴근하고 있다.

　누군가는 옛날이야기라고 지루하다 하겠지만, '내가 죽으면 인천공항에 묻어 달라'는 말이 나올 정도로 사명감을 가지고 일해 만든 곳이 바로 인천공항이다. 실제로 인천공항 공사의 순직자는 존재한다. 항공 통신직을 수행하다 개항을 앞두고 암에 걸린 공사 직원은 개항 몇 달 전에 휴직계를 제출했다. 그러나 상태는 계속 악화되었고, 결국 개항하는 날 휠체어를 타고 나타났다. 죽기 전에 인천공항이 개항하는 것을 보고 가고 싶다고 하면서 말이다. 그는 마지막에 내가 죽게 되면 공항 방파제 바다에 재를 뿌려달라는 유언을 남겼다. 인천공항은 건설 과정 중 순직한 분들을 위해 기념 묘지를 만들었다. 인천공항 입구, 골프장이 보이자마자 있는 공동 기념 묘지를 설치하고 23명의 순직자를 모셔둔 것이다. 지금껏 역

인천공항 4단계 건설 사업 기공식이 열리고 있다.

사도 그래왔듯이 현재의 우리들은 결국 선대, 선배들이 해둔 것을 기반으로 살아간다. 인천공항은 이미 선배들이 엄청난 업적을 이룩해두었다. 지금, 인천공항 직원들은 선배의 기상을 이어받아 인천공항을 세계 최고로 만들기 위해 혼신의 힘을 쏟고 있다. 그것은 인천공항에 대한 사랑이라고 할 수 있다.

새로운 꽃을
피우기 위한 바람

인천공항은 지어질 때부터 후손들을 위한 공항, 미래를 위한 공항이었다. 이제는 미래지향성을 가지고 나아가야 한다. 어느 기업이나 그렇겠지만, 인천공항은 특히 리더의 타입에 따라 조직 분위기나 문화의 변화가 두드러지는 공기업이다. 현장형 리더 아래에서는 다들 열정적으로 솔선수범하고, 덕장 아래에서는 겸손하고 청렴하게 일을 진행했다. 다만 공기업의 CEO는 임기가 존재해 3년을 주기로 새 CEO가 취임한다.

기업 운영에 있어서 CEO의 임기가 짧을 때의 단점을 쉽게 풀어 이야기한다면, 앞사람이 심혈을 기울여 도화지에 형형색색 칠해둔 물감이 채 마르기도 전에 뒤에 온 사람이 새로운 물감과 붓을 가져다 그리는 형국에 비유할 수 있을 것이다. 그렇게 되면 후에 그리는 사람은 도화지에 그려진 그림을 망치지 않게 최대한 조심스럽게 붓질을 하게 된다. 그러다 보니 붓질이 느릿하고 늘어져, 별다

제8대 구본환 사장(중앙)이 2019년 인천공항 누적 여객 7억 명 달성 떡 케이크를 자르고 있다.

른 성과를 내지 못하는 것처럼 보일 수 있는 것이다.

특히 2020년부터는 코로나19 사태 때문에 세계 공항시장은 크게 뒤흔들렸다. 인천공항도 불안정해진 시기, 이제는 난국에 영웅이 등장할 때이다. 영웅은 먼 곳에 있지 않다. 인천공항과 함께 걸어온 사람들, 그 안에서도 얼마든지 영웅이 나올 수 있다. 아니, 누구든지 영웅이 될 수 있다. 조직 내에서도 얼마든지 돌파구를 찾을 수 있다. 인천공항이라는 거대한 조직을 현상 유지하기 위해 집중하다 보면, 미래를 위해 남겨둔 동력까지 전부 써버릴 수 있다. 그러나 인천공항에는 인재가 많다. 직원들은 높은 경쟁률을 뚫고 입사한 인재들이니, 그들이 마음껏 활동할 수 있는 공간과 무대를 열어줄 리더가 필요한 때이다. 직원들도 믿고 따라갈 수 있는, 몸과

마음 모두 인천공항에 묻을 수 있는 사람이 필요하다. 임직원들도 좀 더 자신감과 열의를 갖고, 더욱 탄탄한 조직을 만들어야 한다. 이렇다 저렇다 할 만한 조직문화가 아직 형성되지 않은 인천공항에는 보다 강한 조직력이 필요하다. 선배는 자신의 지식을 후배에게 알려주고, 후배는 그 가르침을 받아 미래를 설계하는 방식으로 나아가야 한다. 그들이 보다 단단하게 뭉친다면 자긍심과 미래를 향한 비전이 나오게 되고 비전은 새로운 인천공항으로 나아갈 수 있는 힘이 될 것이다.

인천공항의 사장은 지금껏 외부에서 임명한 사람들이었다. 공기업이라는 특성상, CEO는 이러저러한 곳의 압력을 받을 일이 많다. 지금까지는 외부에서 온, 힘 있는 사장들의 보호를 기대했었다. 스스로 보호하는 일은 힘들 것이라고 지레짐작하고 포기해왔다. 그러나 인천공항에서 일해 왔던, 내부 사정과 정책들을 잘 아는 직원이 사장이 된다면 인천공항에 필요한 요소들을 더욱 발전시킬 수 있는 가능성이 더 크다. 인천공항은 누구 한 명의 힘으로 만들어진 것이 아니라, 모두가 힘을 합쳐 이 자리까지 올라온 공항이다. 인천공항의 사정을 제대로 이해하고, 애정을 가진 직원들만 있다면 인천공항은 지난 20년보다 더욱 높이 도약할 수 있을 것이다.

2020년 1월, 한국에서 처음 코로나19 확진자가 발생한 지 1년이 넘었다. 코로나19 바이러스의 확산을 막기 위해 이동과 교류도 제한된 시대, 인천공항 이용객은 하루 1만 명을 넘지 못 하고 있다. 인천공항은 2019년만 해도 세계 공항 5위에 들며 한국의 이름을 널리 알렸다. 그러나 코로나19 사태는 빛나던 인천공항을 일개 평범한 공항으로 전락시켰다. 새로운 해가 시작되고, 신입생들의 설렘과 기대가 거리를 채우는 3월. 코로나19가 없었더라면 인천공항은 언제나처럼 출국장은 북새통을 이뤘을 것이다. 언론은 늘 있는 것처럼 가족 단위 여행객들을 인터뷰하면서 여행의 설렘과 공항이 북적이는 모습을 내보냈을 것이다. 그러나 2020년 인천공항 이용객은 약 1200만 명으로, 7000만 명 정도가 공항을 이용했던 2019년에 비해 83%나 감소했다. 코로나19 백신 접종도 당장 인천공항 이용객을 늘리지는 못한다. 결국 2020년에 이어 2021년 인천공항

인천공항 출국장에 설치된 발열 체크 로봇 '테미'

이용객은 500만에서 1000만 명 사이일 것으로 예상되고 있다. 해외 여행길이 막힌 공항은 텅 비어 마치 유령 건물처럼 보인다. 인천공항 제1·2여객터미널과 저비용항공사LCC와 외국항공사들이 주로 이용하는 탑승동은 2019년에 비해 굉장히 한산했다. 항상 많은 차량이 공항을 향해 달리던 인천공항 고속도로와 인천대교도 뻥 뚫렸다. 공항에 들어오는 차들이 없으니 자연스레 하루 최대 4만여 대를 주차시킬 수 있는 주차장도 텅텅 비어, 주차장의 3%만이 자리를 채우고 있다. 텅 빈 자동차 주차장과는 반대로 항공기 주차장인 주기장은 날지 못 하고 대기 중인 비행기들이 즐비하다. 또한 공항 이용객들이 이용하는 장·단기 주차장은 텅 빈 반면, 상주직원 주차장은 모두 출근한 직원들의 차량으로 가득 차 이용객

2020년 3월 텅 빈 출국장

주차장의 텅 빈 공간이 유독 더 눈에 들어온다.

　상주직원들의 주차장이 가득 찬 이유는 인천공항이 공기업이기 때문이다. 민간항공사 직원들은 전부 유·무급 휴직을 하거나, 일부는 퇴직한 상태이다. 반면 인천국제공항공사 직원이나 공공기관은 사정이 좀 나은 편이다. 탄력근무제로 근무하는 직원은 줄었지만, 일자리를 잃은 것은 아니기 때문이다. 인천공항이 공기업이다 보니 결과적으로 공항 이용객보다 공항 상주직원들이 많아지는 웃지 못할 상황도 발생하였다. 평상시의 인천공항은 하루 이용객 20만 명으로 7만여 명인 인천공항 직원들의 세 배였다. 그러나 인천공항의 하루 이용객이 5천여 명 이하로 떨어지면서, 인천공항의 직원들이 이용객 수를 넘어서게 된 것이다.

인천공항은 팬데믹 시대에 비상경영상황실을 설치하고 방역·공항운영·재무·항공수요 등 분야별 비상상황 대응현황을 점검하는 한편, 위기상황 대처를 위한 '코로나19 비상경영 종합대책'을 추진하면서 대응하고 있다.

인천공항은 우선 '안전은 타협할 수 없는 최우선 가치'로 코로나19 확산 방지를 위한 세계 최고 수준의 방역체계를 구축했다. 인천공항을 이용하는 국내외 여객들이 안심할 수 있는 공항 환경을 구현한 것이다. 인천공항은 2020년 3월 5일부터 'COVID-19 Free Airport'를 선포하며 출국여객 3단계 발열체크(터미널 진입 → 출발층 지역 → 탑승게이트)를 도입해 출국 과정에 걸치는 촘촘한 방역망을 선제적으로 구축하였다. 이러한 대한민국의 방역망은 이미 세계에서 극찬 받은 바 있다. 또한 코로나19 사태의 진행 추이를 예의주시하며 국토교통부, 국립인천공항검역소 등 관계기관과

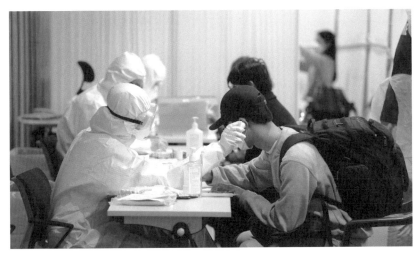

인천공항 검역소 직원들이 입국자들의 열을 체크하고 있다.

의 유기적인 협조체계를 한층 더 강화하고, 장기적으로는 코로나 19 관련 빅데이터(해외 발생동향, 안전점검 및 개선사항 등)를 활용한 감염병 안전관리 시스템을 선제적으로 구축한다는 계획을 밝히는 등 방역에 힘쓰고 있다. 그리고 코로나19 장기화에 따른 항공 수요 감소세에 맞춰 국토교통부 등 관계기관 협의를 바탕으로 '인천공항 3단계 비상운영 계획'을 세웠다.

하루 평균 여객 7000~12,000명 수준일 경우 1단계 비상운영(출국장 운영 축소, 셔틀트레인 감편 등)을 검토하며, 여객이 3000명 ~7000명 수준일 경우 2단계 비상운영(1·2터미널 부분 운영)을, 여객이 3000명 미만으로 감소할 경우 터미널 기능을 최소화하는 것이다.

코로나19로 날지 못하는 비행기가 공항에 주기하고 있다.

해외공항의 경우, 코로나19 확산으로 파리 샤를드골공항은 터미널을 한시적으로 폐쇄했으며, 네덜란드 스키폴공항은 탑승구 등 터미널 일부 시설을 축소해 운영하고 있다.

그러나 이것이 실제로 실천되고 있지는 않다. 비상운영 계획에 따르면 2021년 인천공항의 일일 여객은 3000명에서 7000명 사이로, 공항 기능 축소를 확대하는 2단계이다. 그러나 인천공항은 기능 축소를 하지 않고, 탑승동과 제1·2여객터미널까지 전부 운영하고 있는 상태이다. 이렇게 된다면 비상운영계획의 의미가 사라지는 것은 물론 비상운영계획의 목표였던 비용절감의 효과도 볼 수 없다. 뛰어난 인천공항의 방역에 조그마한 빈틈이 생긴 것이다.

고객을 위한 방역

2021년, 개항 20주년을 앞두고 코로나19 사태가 터질 줄 누가 알았을까. 그러나 인천공항은 이미 조류독감이나 메르스 등 바이러스에 대처해 본 경험이 있다. 때문에 정부기관 직원 사무실을 구성하고, 각종 네트워크를 준비하는 등 입국자에 대한 검역 업무를 차질 없이 수행하고 있다. 특히 인근의 인재개발원을 개방해 군부대 지원 병력에 숙소를 지원하며 국가 방역에 크게 기여하고 있다.

또한 외국에서 한국의 입국 제한 조치가 강화되자 보유하고 있는 열감시 카메라를 총동원하여 여객터미널 진입 시와 출입국 절차 때, 항공기 탑승 전 등 총 세 번의 열 측정을 하는 시스템을 도입하였다. 이뿐만이 아니다. '스마트 공항'이라는 말답게 입국장에서는 군 부대원, 질병본부청 직원, 인천국제공항공사 직원 모두에게 검역소 신고가 가능한 앱을 설치하게 하여 대응 속도를 높였다.

한국정부와 인천공항의 방역체계는 치밀하게 구성되어 있다. 인

코로나19 백신이 인천공항을 통해 들어오고 있다.

천공항에는 전국의 소방서와 지방자치단체에서 직원을 파견하여 해당 지역으로 가는 여행객의 동선을 파악하고 관리할 수 있게 하였다. 동선 파악 후 교통수단 안내와 그 결과를 해당 지역에 송부하여 입국자 동선에 대한 원활한 정보 공유가 이루어지도록 한 것이다. 이렇게 철저한 예방활동에는 수많은 사람들의 노고가 배어 있다. 파견 직원뿐 아니라 공항 종사자들이 모두 힘을 합쳐 노력한 결과이다. 인천공항 종사자들은 새벽부터 마지막 비행기가 떠날 때까지 늘 바쁘고 힘든 하루를 보낸다. 그들은 오로지 사명감과 보람으로 최선을 다해 일한다.

공항에서 하는 코로나 검사

　인천공항의 방역 전략은 단순히 방역에 끝나지 않는다. 해외 출국 전 공항에서 코로나19 검사를 받을 수 있는 검사센터를 국내 공항 최초로 운영하는 등 '안전 최우선 공항' 구현에 적극 나서고 있다. 인천공항 제1·2 여객터미널 지하 1층에는 인하대학교가 운영하는 공항의료센터가 있다. 이곳에 코로나19 검사센터가 개설돼 해외 출국 여객은 출국 전 코로나19 검사를 받고 음성 확인서 등 출국 필요 서류를 바로 발급받을 수 있다. 인천공항 코로나19 검사센터에서는 신속 PCR유전자증폭방식으로 코로나19 검사를 한다. 검사 시간도 2~4시간이면 된다.

　당초 국내 진료소와 일반병원에서 하는 일반 PCR 검사를 했다. 일반 PCR 검사는 결과가 나올 때까지 7시간이 걸린다. 출국승객들이 인천공항에서 하루를 꼬박 기다려야 하는 불편 때문에 신속 PCR 검사를 도입했다. 신속 PCR 검사는 식품의약품안전처에서 정식 승인한 검사기법이다. 검사 소요시간이 짧아 코로나19 증상이 없는 여행객의 건강상태를 빨리 확인할 수 있어 권장하고 있다. 신속 PCR 검사는 중국, 태국 등 일부 국가를 제외하고 해외 입국 시 일반 PCR 검사와 동일하게 코로나19 음성 확인서로 인정받을 수 있다.

인하대병원은 자체 PCR 검사 수행을 위해 관련 시설을 구축하고 장비 도입, 검사 정도 관리 및 의료진에 대한 교육도 진행했다. 인천공항은 코로나19 방역의 최전선에서 우수한 방역 시스템을 구축해 왔다. 코로나19 검사센터 운영을 통해 여객에게 더욱 안전한 공항 이용 환경을 구축하고, 여객 편의를 한층 더 향상시킨 것은 물론이다. 또한 항공수요 회복을 위해 정부에서 추진하는 특별입국제도 지원과 트래블 버블Travel Bubble 등 신규 출입국제도 검토를 위한 공항 방역 인프라 확충에 만전을 기하고 있다.

인천공항은 코로나19 등 감염병 안심·청정 공항을 구현하기 위해 인공지능AI, 로봇 등 4차 산업혁명 기술을 활용한 스마트 방역 서비스를 확대했다. 스마트 방역 서비스 확대를 위해 인천공항 제1여객터미널과 제2여객터미널 3층 출국장에 로봇과 키오스크를 활용한 비대면Untact 발열체크 서비스를 도입했다. 발열체크 로봇은 인천공항 출국장 체크인카운터 인근에 총 4대(제1여객터미널 3대, 제2여객터미널 1대)가 설치되어 있으며, 주요 기능은 체온측정, 유증상자 안내, 비접촉식 손 소독 등이다. 여객이 로봇에 다가

인천공항 직원들이 2층 입국장을 소독하고 있다.

가면 열화상 카메라를 통해 체온측정을 하는 방식이며, 이상발열 감지 시 해당 항공사 연락 등 유증상시 후속조치를 화면을 통해 안내한다. 발열체크 키오스크는 제1·2여객터미널 체크인카운터 인근에 각각 1대씩 설치되어 있다. 인천공항은 여객의 마스크 착용 여부를 감지하는 자율주행형 로봇을 시범도입하고 향후 인천공항에 최적화된 인공지능 방역 로봇을 개발하는 등 4차 산업혁명 기술을 활용한 스마트 방역 서비스를 확대해 나가고 있다. 이러한 스마트 방역 서비스는 단순한 서비스가 아니다. 4차 산업혁명 기술에 기반한 스마트 K-방역시스템은 인천공항을 안심·청정공항으로 구현했다. 전 세계가 흔들리고 있는 포스트 코로나 시대, 인천공항은 전 세계 공항산업을 선도해 나갈 준비를 하고 있는 셈이다.

팬데믹 시대
무착륙 관광비행

　외국으로 갈 수 없는 시대, 여행을 자주 다니는 사람들은 몸이
근질근질 할 것이다. 공항을 한 번 보고 오는 것만으로도 위안이
되는데, 공항의 각종 시설과 면세점을 한시적으로 풀어주는 것도
괜찮을 것이다. 실제로 인천공항에서 이륙해서 일본 상공만 돌고
다시 인천공항에 착륙하는 항공권도 조금씩 늘고 있는 추세이다.

　이러한 비행을 '무착륙 국제관광비행'이라고 하는데, 2020년부
터 순차적으로 운항되고 있다. 물론 코로나19 상황에 따라 유동적
으로 연장 혹은 중단이 정해질 예정이기도 하다. '무착륙 국제관광
비행'이라고 해도, 여러 사람과 밀폐된 공간에 있는 것은 동일하니
더욱 꼼꼼한 방역을 해야 한다. 무착륙 관광비행에는 전용 게이트
와 심사대가 따로 구비되어 있고, 이용객의 리무진버스 탑승도 제
한하여 방역이 이루어진다. 물론 부대시설의 이용은 아직 조심스
럽다. 공항은 공기업이기 때문에 부대시설의 상품을 내놓았다가

코로나가 확산된다면 그에 따른 책임을 면치 못하기 때문이다.

그렇다면 21년 상반기, 백신이 나온 이후 인천공항은 원래의 모습을 되찾을 수 있을까? 2019년 7000만 명의 수요 회복을 위해서는 3~4년 이상 걸린다는 게 일반적인 분석이다. 하지만 2021년 2월 26일부터 백신 접종이 시작돼 하반기부터는 점차 회복될 것으로 예측된다.

인천국제공항공사 연구원이 2021년 항공수요를 예측한 것을 보면, 백신 접종으로 6월부터 여행 심리가 회복되면 2021년 여객은 1653명으로 2019년의 76.5% 정도 줄 것으로 나타났다. 9월부터 심리가 회복되고, 탄력이 붙으면 759만 명이다. 반면 9월에도 여행 심리가 회복되지 않으면 507만 명으로 2019년보다 92.8% 감소할 것으로 예측됐다. 백신 접종으로 국내만 집단 면역이 생긴다고 해외여행이 자유로운 것은 아니다. 방문하려는 국가도 집단면역이 생기고, 자유로운 이동이 가능해야 한다.

이제는 코로나19가 완전히 종식되기만을 기다릴 수는 없다. 항공업계는 지금도 시시각각 불어나는 적자를 끌어안고 있다. 이러한 상황을 해결하기 위해 면세점을 열거나 '무착륙 국제관광비행' 등을 내세우지만 그것만으로는 기존의 항공 수요를 되찾을 수 없다. 그래서 나타난 것이 바로 '트래블 버블Travel Bubble'이다. 특정 국가 간 협약을 맺어, 상호 입국자간 자가격리 기간을 없애는 것을 '트래블 버블'이라고 한다. 만약 베트남이나 필리핀 같은 곳과 트래블 버블을 맺어 자가 격리 기간을 없앤다고 가정했을 때, 의외로 가고자 하는 수요가 많이 생길 것이다. 본인이 가서 철저하게 마스크 쓰고 방역을 한다는 전제 하에, 지금의 답답한 생활에서 벗어나 가보겠다는 의견이 많은 것이다.

인천공항은 트래블 버블 정책이 국제선 항공 여객 회복에 미치는 영향을 분석하고 정책 체결의 효과가 큰 노선을 파악하기 위한

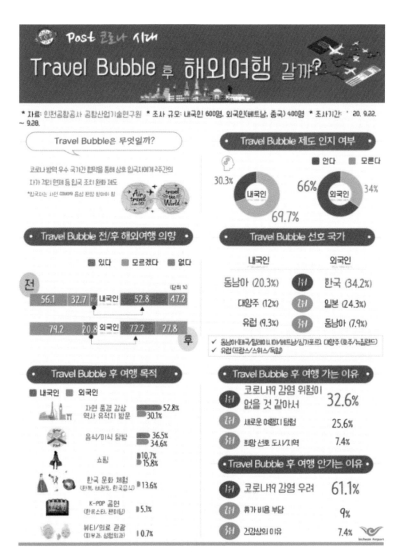

인천국제공항공사의 트래블 버블 설문조사

조사를 실시하였다. 7일간 만 18세 이상 내국인 600명, 외국인(베트남, 중국) 400명 총 1,000명을 대상으로 설문 조사 형태로 진행된 조사 결과는 가히 놀랍다.

트래블 버블 체결 전에는 해외여행 의향이 있다는 응답(2020년 기준)이 내국인 11.2%, 외국인 20.8%에 불과했으나, 체결 후에는 내국인 52.8%, 외국인 72.2%로 조사되어 정책 체결 전 대비 내국인 41.6%, 외국인 51.4%씩 크게 증가하였다. 트래블 버블 체결 후 여행할 의향이 생긴 이유로는 '코로나19 감염 위험이 없을 것 같아서'가 1위 32.6%로 가장 높게 나타났으며, 2위 새로운 여행지를 탐험하기 위해서(25.6%), 3위 희망 선호 도시 · 지역이어서(7.4%) 순으로 나타났다.

정책 체결 후에도 여행할 의향이 없는 이유를 묻는 질문에는 코로나19 감염 우려(61.6%)가 압도적으로 1위를 차지하여 여행객들이 여행안전과 위생에 민감하게 반응하는 것을 확인할 수 있었다. 그밖에도 2위 휴가 비용이 부담스러워서(9%), 3위 건강상의 이유(7.4%) 등으로 해외여행을 가지 않겠다고 응답하였다.

트래블 버블 선호 국가는 내국인은 동남아(20.3%), 외국인은 한국(32.4%)이 1순위로 나타났다. 정책 체결 후 여행 목적을 묻는 질문에는 내국인은 자연 풍경 감상 및 역사 유적지 방문(52.8%), 외국인은 음식 · 미식 탐방(34.6%)이 가장 많은 응답을 기록했다.

트래블 버블 정책이 무엇인지 알고 있느냐는 질문에는 내국인

30.3%, 외국인 66%가 그렇다고 응답해 정책에 대한 인지도는 내국인보다 외국인이 더 높은 것으로 나타났다.

국제항공 노선의 단계적인 회복에 트래블 버블은 유의미한 회복을 가져다 줄 것이다. 이처럼 인천공항이 살아남기 위해서는 항공업계와 함께 힘을 합쳐, 차후의 항공 수요를 위한 대비를 해야 한다. 백신 접종이 시작됐고, 트래블 버블이 체결돼 이용객 수요가 발생할 시 곧바로 서비스할 수 있게 말이다. 물론 트래블 버블이 통과되고 그렇지 않고는 보건 문제가 제일 크고 다음으로 경제 문제와 국민의 안정 문제, 그리고 가치관의 차이다. 항공사와 관광 당국 입장에서는 트래블 버블을 주장하지만, 정책 결정권자는 여행을 통한 경제적 이득보다 코로나 확산으로 지출하는 비용이 더 크다고 생각할 수 있다. 백신을 통해 어느 정도 확산을 막을 수 있고, 백신 여권을 활용한다면 국가 간 트래블 버블이 적용 협약을 체결하여 시행할 수 있다.

일반인들에게 인천공항은 여객 중심의 공항이다. 일반적으로
'비행기'라고 했을 때 떠오르는 이미지도 여객기일뿐더러, 실제로
낮 동안 공항을 오가는 것도 여객들을 태운 여객기이다. 그러나 밤
이 되면 인천공항의 활주로는 화물기로 가득 찬다. 관광이나 업무
목적의 방문객을 태운 여객기는 주로 낮 시간 대에 이착륙하지만,
화물이 담긴 화물기는 이착륙 시간에 구애받지 않아 비교적 한산
한 새벽에 활주로를 이용하기 때문이다. 낮의 여객기와 비슷하게
공항에 잔뜩 들어선 화물기들은 착착 분류된 물품을 화물기에 싣
고 다시 이륙한다. 42개국, 101개 노시로 물품을 배송하기 위해서
다. 일반인들의 생각과는 다르게, 인천공항은 여객분야보다 화물
분야에서 더 높은 지위를 가지고 있다. 인천공항의 수송 여객은 세
계 10위권 안에 드는 수준이지만, 국제 화물 분야의 운송량은 세계
3위권 안에 들기 때문이다. 특히 인천공항에는 FedEx와 DHL 같

인천국제공항 자유무역지역 전경

이 전 세계 물류를 휘어잡고 있는 대형 물류회사의 전용 화물 터미널들이 있어, 국제화물 물동량이 증가하는 데에 큰 영향을 미쳤다. 물류를 빠르게 처리하거나 보관할 수 있어, 인천공항의 물류 경쟁력이 강화되기 때문이다. 특히 화물 터미널이 위치한 곳은 자유무역지역이기에, 관세 등 정부의 간섭이 적어 보다 자유롭고 저렴한 물류 수출이 가능하다. 동북아 허브를 노리는 인천공항의 지리적 이점 또한 전 세계의 물류 회사가 인천공항에 몰려오는 것에 한몫했다.

그러나 '전용 화물 터미널'로 지어진 인천공항의 시설 수익은 미미하다. 화물 터미널을 비롯한 인천공항 다수의 시설들이 '민간투자사업'으로 지어졌기 때문이다. 건설 당시 인천공항이라는 거대한 시설의 건설비를 정부에서 전액 지원하기에는 부담이 너무 컸다. 때문에 정부는 민간기업의 투자금을 받아 시설을 건설한 후, 일정 기간 동안 운영권을 양도하는 방식으로 인천공항을 지은 것이다. 특히 대부분의 화물 터미널은 민간 기업에서 투자하여 설계한 뒤, 전용으로 이용할 수 있게 운영권을 양도받는 BOT^{Build-Operate-Transfer} 방식으로 지어졌다. 물론 민간 기업은 일정 기간 이후 시설과 운영권을 정부에게 이전해야 하지만, 전용으로 이용할 수 있는 기간 동안 발생하는 수익은 전부 가져갈 수 있었다. 인천공항은 민간 기업들이 화물 터미널을 운영하는 기간 동안 임대료 정도만 받을 수 있다. 일정 기간 동안 화물 터미널이라는 시설 자체에서 발생하는 수익을 얻을 수 없다. 그럼에도 불구하고 인천공항이 꾸준하게 민간투자사업과 물류 회사를 유치하려는 이유는 역시 동북아 여객 허브공항을 넘어, 동북아 물류 허브공항이 되기 위해서였다.

인천공항의 물류가 발전할 수 있었던 것은, 대한민국이 IT 수출 1위라는 이유가 가장 컸다. 가볍고 조심히 다뤄야 하며 신속하고 정확한 유통이 생명인 고부가가치 상품, 트랜지스터나 하드웨어의 부품들이 비행기를 통해 유통되기 시작한 것이다. 세계 물류 1, 2위를 다투는, FedEx와 DHL이 가져온 항공물류의 새로운 바람이었다.

다른 요인은 역대 사장들의 전폭적인 지지였다. 인천공항의 2대 조우현 사장은 발전하는 세계 항공 물류의 미래를 보았다. 특히 인천공항이 개항한 이후, 물류가 발전하지 않으면 결코 선진국이 될 수 없다는 기치를 내건 노무현 정부가 도래하면서 인천공항의 물류는 발전하기 시작했다. 조우현 사장의 뒤를 이은 3대 이재희 사장은 다국적 기업의 CEO를 지낸, 물류의 전문가였다. 마침 착공에 들어갔던 화물 터미널이 오픈되자, 이재희 사장은 화물 터미널 구역을 경제자유구역으로 지정하며 물류 산업에 힘을 불어넣었다. 특히 이전까지 물류는 인천공항에 '허브화 전략팀'이라는 이름 아래 함께 묶여 있었기 때문에 독립적인 '화물 물류팀'이 존재하지 않았다. 이재희 사장은 전문 인력이 '물류'라는 비전에 집중할 수 있도록 물류 운영팀을 따로 분리하여 운영하게 만들었다.

물류에 대한 열정은 4대 이채욱 사장까지 이어졌다. IT 산업 1위라는 대한민국의 위상에 힘입어, 세계적인 네덜란드의 반도체 장비 회사인 ASML이 물류허브센터를 인천공항 자유무역지대에 건설한 것이다. ASML의 허브센터가 인천공항에 지어지자, 전 세계를 통하는 반도체 물품의 배송 시간이 빨라진 것은 물론 다른 반도체 장비 업체들도 인천공항의 허브 유치를 위해 적극적으로 달려들었다. 특히 2014년 국제항공물류회의 유치에 성공한 인천공항은 향후 물동량이 450만 톤, 700만 톤을 넘어설 것이라 예측하며 '물류 허브'의 꿈을 다졌다. 실제로 인천공항은 2018년, 295만 톤이라는 최고 실적을 달성하며 물류의 전성기를 맞았다. 인천공항은 이미 700만 톤을 예측 수요로 잡고 부지를 확보하는 등 '물류 허브'를 위해 땅을 다지기 시작했다.

 그러나 코로나19로 인하여 물류 허브를 향한 인천공항의 꿈이 흔들렸다. 적극적이었던 물류 허브를 향한 의지도 한풀 꺾여, 인천공항의 물동량은 기존 예측이었던 700만 톤의 반절도 안 되는 300만 톤에 머무르고 있다. 다행히 2019년보다 이용량이 90% 감소한 여객과는 달리, 물류 분야는 크게 감소하지 않고 인천공항을 지탱하고 있다. 인천공항 자유무역지역 내에 한국의 물류업체들이 대거 들어와 있기에, 인천공항은 물류의 전초기지이자 중간기지가 될 수 있었으며, 코로나19의 직격탄에도 완전히 거꾸러지지 않을 수 있었다. 항공사들도 살아남기 위해 여객기의 좌석을 뜯어내 화물기로 개조, 운항하고 있다. 코로나19라는 위기는 오히려 화물 물류의 중요성을 깨닫게 하는 전환점으로 다가왔다. 700만 톤이라는 기존 수요의 반도 미치지 못하는 지금이지만 인천공항은 다시 '물류 허브'로 거듭날 수 있도록 힘을 다하고 있다.

공항에서 목적지로
드론 택시

고대 그리스 신화의 이카루스부터 이어져 온 인간의 욕구 중 하나는 바로 비행이다. 인간의 비행에 대한 욕망은 라이트 형제를 기점으로 형체를 갖추기 시작했다. 새처럼 자유롭게 날아가고, 건물과 건물 사이를 오가는 꿈은 점차 현실로 다가왔다. 물론 지금은 인간이 하늘에 머물 수도 있고, 하늘을 날아 이동하는 것도 가능한 시대이다. 그러나 인간에게 날개가 있어 건물에서 건물로 이동하는 것은 아직 불가능하다. 헬리콥터와 같은 회전익 비행기는 건물 옥상 간의 이동이 가능하지만, 소음이 너무 심해 도심에서는 제대로 이용할 수 없다는 단점이 있다. 이러한 수직 이착륙 회전익 비행기의 소음이 약 1/10 감소된, 더 가볍고 빠르게 비행하기 위해 '드론'이 개발되었다. 단어 그대로 벌이 나는 것처럼 소리를 내는 드론은 자유롭게 날고 싶은 인간의 욕구를 충족시켜 주었다.

특히 드론에 탑승하여 이동할 수 있는 '드론 택시'는 공항과 연계할 시 비행기에서 내린 여객이 신속하게 목적지까지 이동할 수

도심항공교통의 실현과 산업발전을 위한 UAM Team Korea 업무 협약식

있게 해준다. 즉 버스 터미널과 다르지 않은 공항은 지역과 지역을 연결하고, 하늘과 땅을 연결한다. 지금은 도심 사이를 이동하려면 버스나 택시, 자동차, 전철 등으로 이동하지만, 교통 혼잡 때문에 시간이 많이 소요된다는 단점이 있다. 기존의 공항 이용객들도 공항으로 오기 위해 승용차나 리무진 버스, 택시, 혹은 공항 철도를 이용했다. 그러나 드론 택시가 상용화된다면, 공항에서 목적지로 한 번에 이동할 수 있는 하늘길이 열린다. 미국이나 파리에서 비행기를 타고 인천공항에 도착해, 곧바로 드론 택시를 타고 잠실이나 마포와 같은 목적지를 향할 수 있는 것이다. 이처럼 혼잡한 기존의 지상 도심 교통에서 벗어나 하늘을 이동 통로로 활용하는 것이 도심항공교통Urban Air Mobility, UAM이다.

집 앞에서 드론을 타고 출근하는 것도 더 이상 먼 미래의 꿈이

2020년 항공안전기술원 주관 드론 택시 시범 운행

아니다. 도심항공교통의 상용화를 위해 드론과 같은 개인용 비행체를 중심으로 세계 각국이 경쟁적으로 개발하고 있다. 건물에서 건물로 오갈 수 있는'드론 택시'가 상용화된다면, 완전히 새로운 블루오션이 세상을 뒤집어놓을 것이다. 특히 한국은 IT 강국답게, 기체를 만드는 기술도 뛰어나 2020년 11월, 여의도 한강공원에서 세계 최초로 UTM 체제(무인 항공기 관제) 하에 드론 택시의 시범 비행을 성공적으로 마쳤다. 세계적인 자동차 기업인 현대 자동차 그룹도 향후 자동차 사업을 50%로 줄이고 드론 사업에 30%로 투자하겠다고 발표했다.

국토교통부도 드론 택시의 상용화를 2025년도부터 시범적으로 시행하겠다는 K-UAM 기술 로드맵을 발표하였다. 항공안전법 없이 드론 택시만 상용화하였다가는 하늘길이 무법지대가 될 수 있기 때문이다. 무인 드론 택시인 경우, 자율 주행 기술의 고질적 문제인 윤리적 딜레마도 함께 검토되어야 한다. 하늘을 날아다니는 드론 택시의 관제 기준, 즉 드론끼리 하늘에서 조우했을 때 비행의 우선권을 부여하는 기준 설정 등을 포함하여 UAM 관제 표준 규정도 제정해야 한다. 또한 비행기의 조류 충돌 사고와 같이 드론 택시의 조류 충돌 사고 예방을 위한 기술도 개발되어야 한다. 뿐만 아니라 드론의 배터리 용량도 증가시켜 장시간 비행을 가능하게 해야 할 것이다. 무엇보다 도심에서 드론 택시가 뜨고 내릴 수 있게 수직으로 이착륙이 가능한 버티포트Vertiport와 이동 경로를 관제해주는 관제 시스템 등 UAM 인프라 개발이 시급하다.

현재 하늘길은 정부가 관제하고 있다. 공항에는 헬리콥터가 이용하는 헬기장과, 이를 관제하는 관제사가 존재한다. 국토교통부는 향후 UAM 운항을 위한 운송 사업제도, 시설·운항·보안기준 등 UAM 특별법을 추진할 예정이다. 시간과 자원만 충분히 주어진다면, 머지않아 공항에서 날아다니는 드론 택시를 볼 수 있을 것이다. 파리나 런던, 뉴욕 등 대도시와 달리 서울 도심 고층빌딩의 옥상에는 400여 개의 헬기 이착륙장이 이미 설치되어 있다. 따라서 드론 택시 버티포트로 바로 활용할 수 있는 커다란 장점으로 적용한다. 현재 인천공항과 김포공항도 도심과 연결하기 위한 드론 택시 버티포트 인프라 구축 계획과 항공교통관리시스템을 준비 중에 있다. 인천공항에 도착한 승객이 드론 택시를 타고 서울 또는 지방의 대도시로 신속하고 안전하게 이동할 날도 멀지 않았다. 드론 택

2020년 드론 택시 시범운행 모습

시는 기존의 항공 교통 시설을 이용해 더 빠르게 상용화될 수 있고, 공항도 새로운 교통수단을 통해 접근성을 높여 서로 상생한다면 전과는 비교할 수 없을 정도의 발전을 이끌어낼 수 있다.

개인이 자유롭게 하늘을 오갈 수 있는 날이 멀지 않았다. 배터리 용량과 안전 문제가 해결되면 초기 강 위로 비행했던 시도와 달리, 고속도로 주변과 같은 대로를 넘어 복잡한 도심의 건물 사이까지 자유롭게 누빌 수 있을 것이다. 대한민국의 관문인 인천공항도 드론 택시 시대에 대비하여 드론이 다닐 하늘길과 이착륙장을 준비해야 한다. 승객이 항공기에서 내려 짐을 챙기고, 곧바로 드론 택시에 탑승하여 목적지까지 가는 여행은 더 이상 꿈이 아니다. 인천공항은 인류의 오랜 욕망이 이루어지는 순간을 함께할 것이다.

인천공항을
수출하다

인천공항은 새로 건설되는 해외공항에, 지난 20년 간 축적된 기술과 운영 노하우를 전수해줘야 한다. 인천공항은 새로 건설되는 공항과 경쟁하지 않는다. 이미 세계 공항서비스 평가 12년 연속 1위를 차지하고 2001년부터 2018년까지 총 세 차례 모두 성공적으로 개항함으로써 명실상부 세계 최고의 공항임을 스스로 증명했다. 이 빛나는 운영 성과로 인해 세계 곳곳에서 '러브콜'을 받고 있다. 인천공항은 아시아를 넘어 중동과 유럽까지 건설 노하우와 운영 경험을 수출하고 있다. 2009년 이라크 아르빌신공항 건설 지원을 시작으로 15개 국가 30개 공항에 인천공항이라는 브랜드를 수출하며 2억 2549만 달러라는 수주 금액을 벌어들였다. 특히 쿠웨이트공항 제4터미널은 인천공항이 2018년부터 2023년 8월까지 5년간 위탁 운영하고 있다. 인천공항에서 파견된 직원 17명이 현지 노동자 수백 명을 고용해 직접 운영하고 있는 것이다. 인천공항은

2009년 이라크 아르빌신공항 운영지원사업 계약식

쿠웨이트공항을 성공적으로 운영해 중동 공항 진출의 교두보를 마련했다. 이미 세계 곳곳에 제2, 3, 4의 인천공항이 건설되고, 운영되고 있다.

특히 코로나19 사태로 인한 전 세계 항공 산업의 위기 속에서도 인천공항은 다시 한번 세계 수준의 공항운영 노하우를 입증했다. 폴란드 바르샤바신공항 사업을 위한 자문 컨설팅 사업을 56억 원에 수주한 것이다. 인천공항은 3년 간 바르샤바신공항 사업의 전략적 자문사로 활동하며 신공항 건설을 위한 계획단계부터 공항 건설·운영에 이르기까지 인천공항 노하우를 전파할 계획이다. 무엇보다 값진 것은 인천공항이 바르샤바신공항 사업에서 일본 나리타공항을 제치고 선정된 것이다. 인천공항은 향후 폴란드 바르샤바신공항에 지분 투자도 검토하고 있다. 단순히 건설 자문으로 끝나는 것이 아니라 전략적 파트너로 설계와 건설, 기자재 수출, 공항 운영에도 참여하겠다는 것이다.

또한 2019년부터는 페루의 신공항 건설 사업에도 참여하여 인천공항의 건설 노하우를 나눠주고 있다. 페루의 신공항은 전체 건설비의 20%만을 국가가 부담하는 민자 사업으로 시작하였으나, 참여한 기업들과 일부 관료의 부정부패가 심해 건설비 전액을 국가가 부담하는 국가 재정 사업으로 변환되었다. 페루는 국가의 신뢰성 확보를 위해 공항건설 사업 관리 용역을 G2G 방식으로 입찰에 부쳤고, 페루의 대사는 한국에게 직접 현장으로 와서 공사현장을 검토해달라는 도움의 메시지를 보냈다. 한국은 회의 끝에 입찰에 참가하기로 결정했고, 그렇게 입찰한 7개국 중 인천공항 건설 사업에 참여한 도화 엔지니어링 및 건원 엔지니어링과 김포공항을 포함한 14개 공항을 운영하는 한국공항공사 등으로 구성된 팀 코리아 컨소시엄Team Korea Consortium이 최종 입찰로 선정되었다.

한국이 페루의 신공항 건설 사업에 선정된 것은 역시 인천공항 건설 경험을 토대로 한 노하우 덕분이었다. 함께 입찰에 참가했던 국가들은 위에서 아래로, 즉 엔지니어링사와 정부를 중심으로 한 제안서를 내놓았지만, 한국의 팀코리아 컨소시엄은 아래에서 위로, 지역 주민들의 이야기를 청취하고 그것을 바탕으로 혁신적인 제안서를 작성하였다. 영종도 주민들을 위해 보상을 꼼꼼하게 검

2018년에 열린 세계항공컨퍼런스

토해서 지불했던 것처럼, 처음부터 지역 주민과 공생할 수 있게 주변 지역을 함께 개발하자는 제안서를 내놓은 것이다. 특히 담당자들은 직접 지역 주민들과 소통하며 제안서를 작성하였기에, 지역 주민들의 선택을 받을 수 있었다.

이처럼 페루에는 공항 설계를 체계적으로 수행할 수 있는 인재가 필요했다. 페루는 국가의 신뢰성 확보와 안전을 위해 모든 것을 변호사에게 검수 받고 난 다음 공사를 진행하고 있었다. 때문에 검수가 길어지기라도 하면 사업 기간이 기존보다 늦춰질 수 있는 시스템이었다. 팀 코리아 컨소시엄 직원들은 그간 축적된 공항건설 사업 관리 경험을 토대로 페루 친체로신공항 건설사업이 투명하고 신속하게 진행될 수 있도록 현재 사업 관리 업무를 수행하고 있다. 특히 팀 코리아 컨소시엄은 친체로신공항 건설을 직접시행하는 감리 회사 및 시공회사를 선정하고 관리할 수 있는 권한이 주어져, 현장을 직접 지휘하며 체계적인 건설 절차와 시스템을 페루에 전해 주고 있다. 또한 한국의 팀 코리아 컨소시엄이 친체로신공항 건설사업을 완료한 이후에 페루 교통통신부가 자체적으로 공항건설 사업 관리 업무를 수행할 수 있도록 기술이전계획을 수립하여 전수할 예정이다.

인천국제공항은 1,700만 평 부지 중 1,400만 평의 바다를 매립하여 건설되었기에 연약 지반 처리에 대한 독보적인 기술을 가지고 있다. 또한 1단계 건설사업부터 3단계 건설사업에 이르기까지 특화된 건설사업 관리 방식을 발전시켜 왔기에 많은 외국의 공항 관계자들이 벤치마킹하러 오기도 한다. 이러한 인천국제공항만의 특색 있는 기술들을 해외에 많이 알리고 노하우를 전수함으로써 해외 공항 건설 사업 수익을 높이는 것은 물론, 브랜드 가치를 더욱 드높여야 한다. 필리핀의 '도요타 도로'처럼 '인천공항'이라는 이름이 타국에 남겨지는 것은 더 이상 허무맹랑한 일이 아니다.

앞으로의 20년을 향한 발돋움

　인천국제공항은 2021년 20주년을 맞았다. 이번 20주년을 맞으면서, 축하만 하지 말고 냉철하게 지난 기간을 되돌아보고 비전을 다시 세우는 한 해가 되었으면 좋겠다. 만약 재도약을 하지 못한다면, 인천공항은 내리막길을 걷게 될 것이다. 상승이냐 추락이냐, 기로에 선 인천공항은 20년이라는 지난 역사를 디딤돌로 삼아 새로운 하늘길을 개척해야 한다.

　인천공항은 무엇보다 인재 양성에 힘써야 한다. 인천공항은 한 개인의 공항은 아니지만, 개개인이 모여서 만드는 공항이다. 과거의 기술력이 쌓여서 인천공항의 현재와 미래가 존재한다. 인천공항 건설 당시 현역이었던 사람들에게는 건설 현장과 운영 초기에 직접 겪고, 보고 들으면서 쌓인 지식이 있다. 무엇보다 후배들이, 지금의 젊은이들이 선배의 값진 지식들을 부담 없이 활용할 수 있어야 한다. 그러기 위해서는 우선 선배들의 지식 전수를 이상하게 보지 않는 사회의 시선이 필요하다. 과거의 실패를 교훈 삼는 것은 결코 부끄러운 일이 아니다.

1999년, 공사가 마무리되고 있을 무렵 언론에서는 화물 터미널과 여객터미널을 연결하는 지하도로에서 물이 샌다는 보도가 나왔다. 실제로 지하도로에는 물이 고일 정도의 누수가 있었으나, 언론이 말한 것처럼 부실공사는 아니었다. 방수제로 사용된 벤토나이트는 물에 닿으면 팽창하면서 방수 효과를 발휘하는데, 팽창하는 데 걸리는 기간이 3개월에서 6개월이었다. 제품 선정 시 사업자의 말만 듣고 미처 검증을 하지 않아, 당시 팽창이 되고 있는 과정이라고 제때 설명하지 못한 것이다. 인천공항은 벤토나이트 방수제 사건을 계기로 제품을 선정할 때, 검증되지 않은 시스템은 미리 확인하고 사용해야 한다는 교훈을 얻었다.

지금까지 인천공항에는 크게 휘청일 만한 사건이 없었다. 현재 공항 직원들은 선배들이 겪은 여러 가지 사건을 경험해보지 못했다. 하지만 직접 경험하지 않고도, 선배들의 이야기를 통해서 충분히 지식을 전수받을 수 있다. 대를 이어 내려오는 지식은 소중한 자산이 되어, 인천공항의 새로운 발돋움에 든든한 받침대가 되어줄 것이다. 인천공항은 대한민국에 안주하는 공항이 아니라, 해외로 크게 뻗어가는 공항이다. 든든한 내실을 위해서라도 선후배 간의 원활한 지식 교류는 필요하다.

2021년, 개항 20주년을 맞이하면서 'Vision 2030+'를 발표했

인천공항 4단계 건설사업 기공식

다. 코로나19 발생으로 도래한 뉴노멀 시대에서 인천공항은 일상
의 가치를 높이고, 미래를 선도하는 공항이 되겠다고 다짐했다.
Vision 2030+는 '사람과 문화를 이어 미래로 나아갑니다'라는 표
어를 바탕으로 새로운 문화의 패러다임 혁신을 꿈꾸고 있다.

특히 2030+ 비전에는 글로벌 메가허브 공항이라는 목표가 포함
되었다. 홍콩 첵랍콕공항은 2024년 1억 1000명, 싱가포르의 창이
공항은 2030년 1억 3500만 명, 베이징 서두우공항은 1억 명을 예상
으로 잡아 공항을 개발하고 있다. 동북아 허브공항을 위해 아시아
각국이 경쟁하고 있는 것이다. 인천공항도 2023년, 연간 1억 명을
목표로 제2여객터미널 확장을 진행하고 있다. 그러나 제2여객터미
널도 2030년이면 포화될 것이라는 예측에, 최종 확장을 위한 공항

건설 계획을 거쳐 2024년쯤 5단계 확장사업에 착수해야 한다.

다만 공항 확장에 앞서, 가장 중요한 것은 역시 팬데믹 시기를 이겨내는 것이다. 단순히 몸을 낮추고 위기가 지나가기만을 기다리는 것이 아니라, 타격을 빠르게 회복할 준비를 하고 있어야 한다. 특히 디지털 비대면 전환이 가속화되는 시기, 인천공항만의 디지털 서비스를 준비하여 서비스의 범위를 확장하고, 고객과 함께 성장해야 한다. 인천공항은 미래에 내 손안의 공항, 1:1 언택트 공항 구현을 목표로 출국 시간 감소와 스마트 안전 플랫폼으로 사고 재해를 줄이겠다는 다짐을 했다. 그 밖에도 차세대 모빌리티로 떠오른 드론 택시 연관 산업 확장에 참여하여, 뉴 모빌리티 혁신을 선도해야 할 것이다.

또한 2025년부터 UAM Urban air mobility 인프라를 구축하는 것을 시작으로, UAM 공항 셔틀 서비스 상용화를 추진한다고 밝혔다. 단순한 서비스 제공에 그치는 것이 아니라, 2028년까지 상업과 교통 융합형인 이착륙 허브를 구축하여 차세대 교통 시스템을 이끌어가겠다는 것이다. 또 다른 20년 후에는 어떤 변화가 있을 것인가? 드론 택시가 활성화되면 새로운 공항 시설과 운영 컨셉을 지금부터 고민하고 준비해야 할 것이다.

다른 면으로는 동남권 신공항이 건설되고 운영되면 인천공항은 어떤 영향이 미칠 것인지에 대해도 생각해 볼 문제이다. 필자들의 판단으로는 동남권 공항이 운영되며 항공 노선이 증가하여 동남권 여객의 수요가 감소한다 하여도 중국 항공 시장은 더 개방될 것이며, 동남아와의 경제 교류가 증가되고 북으로는 러시아와의 교역이 늘어날 것이므로 인천공항의 수요는 충분히 증가할 것이다. 이에 대비한 공항 시설을 잘 준비하여야 할 것이다.

그리고 요즘 간간이 거론되는 김포공항 이전 논의에 대해서도 예의 주시할 필요가 있다. 김포공항은 주변의 도심이 발달에 비해 항공기 소음 문제와 고도 제한으로 도시가 발전을 하지 못하고 있었으며 수도권의 주택난 해소를 위해 김포공항의 이전 검토는 충분한 가치가 있을 것이다. 김포공항의 부지만 대략 250만 평과 주변의 논밭을 포함하면 대략 1,000만 평의 부지가 주택 공급지로 개발할 경우 수도권의 주택 공급 물량은 충분할 것이다.

현 홍콩의 첵랍콕공항 이전에 홍콩 도심에 위치한 카이탁공항은 비행기가 이착륙할 때 현재 김포공항과 같은 도심에 위치해 항공기가 건물 바로 위로 이륙하고 착륙하였다. 항공기 안전 운항에는 매우 위험한 공항이었으므로 바다를 매립하고 공항을 만들어 현 첵랍콕공항을 이용하게 하였다. 김포공항은 그간 공항의 임무를 충실히 완수한 공항이었나. 수도권의 주택 공급과 새로운 부가 가치 창출 도시로 발전하는 것이 바람직할 것이다. 즉 24시간 소음 피해 없이 공항 운영이 가능한 인천공항으로 이전하는 것이 바람직할 것이므로 차근차근 준비를 하여야 할 것이다. 미래는 밝고 할 일은 많다 인천공항….

부록

전문가가
답해주는
인천공항 이야기

인천공항에는 어떤 사람들이
일을 하나요? 혹시 공항에
근무하면 특별한 혜택이 있나요?

공항에는 승무원뿐만 아니라 법무부 세관, 경찰대, 검역소 등 정부 업무를 보는 공무원과 공항을 관리, 운영하는 공항공사 직원, 면세점 직원, 청소 직원이나 카트 관리 직원 등 각자 다른 회사에 소속된 직원들이 일하고 있습니다. 7만여 명이나 되는 직원들이 인천공항을 위해 열심히 일하고 있으며, 그중 공항공사에 소속된 직원만 13,000여 명에 달합니다. 일반적인 인식과는 다르게, 공항공사 직원이라고 특별히 싼값에 비행기를 이용할 수 있는 것은 아닙니다. 모든 직원은 여행이나 출장 시 일반인과 동일하게 항공편을 예약하고 이용합니다. 다만 항공사에서 근무하는 직원들은 회사 내규에 맞춰 저렴한 항공권을 제공받기도 합니다. 항공사 직원이 아닌 인천공항 상주 직원들은 공항 내 대부분의 식음 매장에서 '상주 직원 할인'으로, 대부분 판매가보다 10% 저렴한 가격에 상품을 구매할 수 있습니다.

일반인들은 잘 모르는 공항의
이색 장소를 추천해 주세요

어메이징 스퀘어 공항철도
에서 내려 제1여객터미널 교
통센터 지하 1층으로 들어가면, 가상 엔터테인먼트 공간인 어메이
징 스퀘어가 여객들을 반겨줍니다. 어메이징 스퀘어는 가상현실
체험공간으로 구성되어 있어, 출국하기 전 아이들과 즐거운 VR 체
험을 즐길 수 있습니다. 가상현실 체험공간은 5개의 테마로 이루
어져 있어 퍼포먼스 K-Pop와 여행을 비롯한 VR 컨텐츠와 아이들
을 위한 키즈존 VR을 체험할 수 있습니다. 오전 10시부터 오후 8
시까지 운영되는 가상현실 체험공간을 이용하기 위해서는 카운터
에서 VR 안대를 받아 체험공간으로 이동하시면 됩니다.

한국 문화 거리 제1여객터미널 4층으로 올라오면 현대적인 공항
과는 또 다른 멋이 있는 한국문화거리를 만날 수 있습니다. 한국문
화거리에서는 기와집과 정자 등 전통가옥이 마련되어 있어, 여객
터미널 전경을 한눈에 감상하며 여유로운 휴식을 취할 수 있습니
다. 한국문화거리는 일반 구역에 위치하여, 출국 수속을 마치지 않
은 일반 방문객들도 이용할 수 있습니다. 한국문화거리의 안쪽으
로 들어가면 고려청자를 비롯한 한국 전통문화를 전시해둔 공간과
간단하게 요기를 할 수 있는 식·음료 매장, 전통 양식으로 꾸며진
기념품 매장이 나옵니다. 나란히 들어선 매장을 지나 더 안쪽으로

가면 인천공항 전망대이기도 한 '비선루'가 나타납니다. '날아다니는 신선을 보는 누각'이라는 뜻을 가진 비선루에서 인천공항의 전경을 바라보면 시원함이 밀려 들어옵니다.

　인천공항 홍보전망대 제2여객터미널을 이용하는 고객도 인천공항의 풍경과 VR체험을 즐길 수 있습니다. 인천공항 제2여객터미널 5층에 위치한 인천공항 홍보전망대는 공항 계류장과 비행기를 바라보며 인천공항 체험시설 등을 즐길 수 있는 첨단 스마트공간으로, 제2여객터미널의 대표 명소입니다. 홍보전망대는 제2여객터미널 최상층에 위치하여 이착륙하는 비행기를 실시간으로 구경

할 수 있습니다. 뿐만 아니라, 인천공항 역사관, 홍보관, 전망대 및 카페 등 다양한 주제와 시설로 구성되어 있어 인천공항 전체 모습을 구석구석 살피기에도 좋습니다. 더불어 전망대에서는 가지고 온 수하물이 어떻게 비행기에 실리는지를 알 수 있는 수하물 VR체험 등 잊지 못할 근사한 추억도 쌓을 수 있습니다.

인천공항에는 무빙워크가 많은데 가장 긴 무빙워크는 길이가 얼마나 되나요?

인천공항에서 가장 긴 무빙워크 구간은 교통센터의 중앙브릿지에 있습니다. 인천공항에 있는 교통센터 무빙워크는 국내에서 두 번째로 긴 무빙워크로, 총 길이는 90m입니다.

환승객들을 위한 시설이나 서비스가 무엇이 있나요?

인천공항에는 환승객을 위한 다양한 환승 편의시설이 있습니다. 무료 인터넷존, 무료 샤워시설, 마사지 시설, 캡슐호텔 등 여러 편의시설에서 다음 비행기를 기다리는 동안 무료함을 달래고 피로를 풀 수 있습니다. 특히 공항 내부에는 총 21개의 흡연실, 19개의 수유실이 있으며, 장애인 화장실은 터미널 내 모든 화장실마다 최소 1실이 마련되어 있습니다. 자세한 위치는 인천공항 홈페이지에서 확인하실 수 있습니다.

환승 시간이 길다면 인천공항에서 무료로 제공하는 환승 투어

서비스를 이용할 수도 있습니다. 직원의 안내에 따라 명동이나 인사동 등 한국의 랜드마크 코스를 이동하며 풍경을 관람하거나 기념품을 구입할 수 있습니다. 환승 투어 프로그램의 이용을 원하는 경우 인천공항 홈페이지에서 사전 예약하시면 됩니다. 다만 코로나19로 인하여 환승 투어는 중단된 상태이며 대신 공항 내부 투어는 상시 운영되고 있습니다.

홈페이지에서 환승 탑승편이 어느 터미널에서 이륙하는지 확인할 수 있습니다. 인천공항에서는 환승 시에도 출국과 동일하게 보안검색을 실시하기 때문에, 위해 물품을 소지할 시 환승이 불가합니다. 나라별, 혹은 공항별로 금지되는 물품이 다를 수 있으니 비

행 전 미리 확인하시어 보안검색의 지연 없이 원활한 환승을 하시기 바랍니다. 한국의 기내 반입 금지 물품은 교통안전공단 홈페이지인 항공보안365(https://www.avsec365.or.kr/)에서 확인하실 수 있습니다.

인천공항에 하루 동안 이착륙하는 비행기는 얼마나 되나요? 공항의 활주로는 하루에 처리할 수 있는 용량이 정해져 있습니다. 인천공항의 활주로 용량은 1시간 당 비행기 60대로, 코로나19 이전인 2019년에는 일평균 약 1,100여 대의 항공편이 활주로에서 이착륙했습니다. 그러나 코로나19로 인해 이용객이 줄어든 2020년에는 일평균 400여 대의 항공편이 활주로에서 뜨고 내립니다.

개인 비행기나 경비행기도 　　　　　네, 가능합니다. 그러나 일
인천공항에서 비행이 가능한가요?　　반 경비행기와 같은 개인비
행기는 인천공항의 활주로를 이용하려면 서울지방항공청의 비행
허가를 받아야 합니다. 더불어 활주로 조명비와 주기료, 이착륙료
등 공항 시설 사용 요금도 납부해야 합니다.

인천공항은 세계에서 　　　　　여객터미널, 계류장, 화물
몇 번째로 큰 공항인가요?　　　　터미널 등 인천공항 전체 부
지 면적은 5,543만 8,000㎡(1,677만 평)이며, 약 8천여 개의 국제
규격 축구장을 건설할 수 있을 정도로 큰 규모입니다. 다만 공항의
규모를 측정할 때는 부지의 크기가 아니라 활주로 처리 능력이나
여객 처리 능력, 화물 처리 능력을 토대로 순위를 매깁니다. 각 공

항마다 'ㄱ'자나 'V'자 등 활주로 형태가 다른데, 이러한 활주로는 충돌 위험 등의 문제로 100% 사용하지 못하기 때문입니다. 인천 공항은 총 7,700만 명을 수용할 수 있으며, 2019년 기준으로는 세계 5위의 여객터미널 규모를 가진 공항입니다.

드라마에서는 관제탑의 지시를 조종사가 듣지 않고 다툼으로 언쟁을 높이던데 실제로도 그런일이 있나요?

관제탑은 항공기의 이륙부터 착륙 후 주기하기까지, 항공기 간 충돌방지를 위해 항공 교통의 흐름을 관리합니다. 관제사는 항공기와 여객의 안전하고 신속한 이동을 위해 조종사에게 교신으로 이동 경로를 지시합니다. 조종사는 항공기와 여객의 안전을 위해 관제사의 지시를 충실히 이행해야 합니다. 만약 조종사가 관제사의 지시를 이행하지 않았다면, 해당 항공사는 물론 조종사도 일의 경중에 따라 엄중한 행정 처벌과 형사 처벌을 받을 수 있습니다. 관제사와 조종사는 철저히 업무적인 관계로, 서로 감정이 격양되어 교신하는 것은 미디어 속에서 나오는 이야기입니다.

비행기도 주차 위반 과태료를 물거나 접촉사고가 발생하나요?

기본적으로 비행기는 인천 공항 계류장 관리소에서 지정하는 장소에만 주기할 수 있습니다. 정해진 장소가 아니라 다른 장소에 비행기를 주기할 경우, 주차 위반 차량을 견인하는 것처럼 여객기 견인 차량에 의해 강제로 견인될 수 있습니다. 또한 활주로 등에 주기하여 다른 항공기 운항에 지장을 준 경우, 손해배상이 청구될 수 있습니다. 또한 지상에서 항공기가 이동하다 접촉사고가 발생한다면, 국토교통부 산하 항공기사고조사위원회가 항공기 사고를 조사합니다. 이후 일반 자동차 접촉사고처럼 과실 비율 확인 및 재발 방지 대책 등을 수립합니다. 가장 크게 이슈가 되었던 인천공항의 항공기 접촉사고는 2018년, LA행 여객기가 다른 여객기와 충돌해 승객들이 4시간 정도 대기한 사고입니다.

인천공항 인공지능 로봇은 어떤 역할을 하고 누구나 사용할 수 있나요?

인천공항에는 4차산업 기술이 접목된 다양한 인공지능 로봇이 있습니다. 가장 흔하게 볼 수 있는 것은 공항 안내로봇 에어스타이며, 제1여객터미

널 8대, 제2여객터미널 6대가 있습니다. 에어스타는 자율주행, 음성인식 기능과 인공지능 등 각종 첨단 ICT 기술이 접목된 안내 로봇으로 공항 시설물 안내, 체크인 카운터 안내, 원하는 목적지까지의 에스코트 등 공항을 찾은 여객들이 필요로 하는 다양한 정보를 제공합니다. 또한 자율주행 카트로봇 에어포터는 여객들의 수하물을 자동으로 운반해주는 로봇입니다. 짐을 실은 여객을 자동으로 따라가거나, 탑승권 인식 및 목적지를 설정하면 목적지까지 여객을 안내해주는 기능이 탑재되어 있습니다. 현재 제1여객터미널, 제2여객터미널 및 탑승동 면세구역에 각 2대씩 총 6대가 배치되어 있습니다. 마지막으로 고령자, 유아 동반승객 등 교통약자를 위해 마련된 세계 공항 최초 실내 자율주행 전동차 에어라이더가 비치되어 있습니다. 비행기 시간이 촉박한 탑승객에 한에서는 일반인도 이용 가능합니다. 전동차를 이용하고 싶으시다면 공항 도착 전, 헬프데스크(1577-2600) 또는 안내 데스크 접수 후 이용하시면 됩니다.

인천공항에서 식당이나 면세점 입점을 하려면 어떻게 해야 되나요?

인천공항 시설 임대 방법은 총 두 가지입니다. 하나는 사무실이나 창고 등 업무용 시설을 임대하는 것으로, 이 경우에는 공실이 있는지를 확인한 후 인천공항공사에 직접 임차희망서를 제출합니다. 이후 자리가 배정이 나면 보증금을 납부하고 계약서를 작성한 후 입주합니다. 다른 하나는 인천공항 식당 및 면세점이 포함되는 상업시설 임대입니다. 인천공항의 상업시설 임대는 입찰 받은 사업자가 해당 구역의 대표자가 되어, 다수 매장을 다양한 브랜드로 구성해 운영하는 주계약자 방식 Master Concessionaire으로 진행됩니다. 때문에 계약이나 운영이 정해진 것이 아니라, 사업구역을 낙찰 받은 사업자에 따라 달라집니다.

인천공항에서 반려동물과 함께 출국할 수 있나요?

인천공항 내에서는 반려동물의 동반이 가능합니다. 다

만 실내에서는 목줄(50cm이내) 또는 전용 케이지를 이용해야 하며, 맹견은 출입국 목적으로만 방문이 가능합니다. 기본적으로 개, 고양이, 토끼, 기니피그 등 동물보호법 및 동법 시행규칙 상 명시된 동물이 반려동물에 속합니다. 하지만 반려동물 범위 내에 포함되지 않은 살아있는 동물도 출입국 목적으로 방문할 시, 동반 가능합니다. 물론 반려동물 범위에 포함된 동물도, 포함되지 않은 동물도 전용 케이지는 필수입니다. 인천공항에는 별다른 애견호텔이나 반려동물을 위한 편의시설은 마련되어 있지 않지만, 공항 안내데스크에서 반려동물 배변 봉투를 제공하고 있습니다.

반려동물과 함께 출국하기 위해서는 입국하시려는 국가의 검역 조건을 충족해야 합니다. 사전에 여행 방문 국가의 대사관 또는 동물검역기관에 확인하셔야 반려동물과 함께 출국하실 수 있습니다. 검역조건은 항공사마다 상이하므로, 이용하시는 항공사의 검역조건을 반드시 확인해보셔야 합니다.

출국 절차에는 검역증명서가 필요합니다. 출국 당일, 반려동물과 함께 예방접종증명서 및 건강증명서 등 필요 서류를 준비하여 동식물수출검역실을 방문하시면 서류검사와 임상검사를 거친 후 검역증명서를 발급해드립니다. 검역증명서를 발급받은 후 체크인 카운터로 가서 탑승수속을 받고 출국하시면 됩니다.

인천공항으로 반려동물과 함께 입국하시는 것도 마찬가지로 수출국 정부 기관이 증명한 검역증명서를 준비하셔야 합니다. 만약 단기간에 다시 데리고 입국하실 경우에는 우리나라 검역규정에 따라 필요한 사항(광견병 항체 결과증명서, 마이크로칩 이식 등)을 미리 확인해 두시는 것이 편리합니다.

또한 기내에서 항공사 직원이 나눠주는 세관신고서의 검역대상 물품을 기록 후 세관 검사대를 통과하기 전 동물검역관에게 반려동물의 수출국 정부기관 증명 검역증명서를 제출하면 입국 절차가 완료됩니다.

인천공항 출국장에서 화재가 발생하면 절차 없이 외부로 나갈 수 있나요?

인천공항 내에는 자체 공항 소방대가 있습니다. 따라서 출국 수속을 받고 들어오셨다가 화재가 난다고 해서 밖으로 나가지는 않습니다. 공항 소방대는 터미널 화재, 비행기 화재, 그 밖에 시설물 화재 시에 대처하고 있습니다. 제1여객터미널 및 제2여객터미널에 인하대학교병원 공항의료센터가 있어, 화재나 기타 이유로 다쳤을 때 빠르게 치료를 받을 수 있습니다. 면세구역에도 간단한 응급처치를 받을 수 있는 의무실이 별도로 마련되어 있습니다. 소방대 외에도 인천공항에는 원활한 운영과 대국민서비스를 위해 다양한 정부기관이 상주하고 있습니다. 대표기관으로는 인천본부세관, 인천공항출입국·외국인청, 국립인천공항검역소, 농림축산검역본부 인천공항지역본부, 인천국제공항경찰단, 군사안보지원사령부 공항대테러지원단, 서울지방항청 등이 있습니다.

인천공항 제2터미널은 전신 검색대에서 철심 수술의 보형물이 보이나요?

전신검색대는 피부 위의 물품을 판독하는 것이기에, 피부 아래에 있는 물품은 기본적으로 보이지 않습니다. 그러나 외부로 튀어나온 보형물이나 과다한 보형물은 전신 검색대에서 보일 수 있습니다.

코로나 시대에 외국에서
한국으로 입국하면
어떤 절차가 있나요?

우선 입국하는 비행기 내에서 서류를 작성해야 합니다. 작성해야 하는 서류는 세관신고서, 건강상태질문서, 특별검역신고서, 시설격리 관련 신고서이며, 이중 시설격리 관련 신고서는 시설 격리에 해당되는 사람만 작성하면 됩니다. 인천공항에 내리면 자가격리앱 실치 등 검역소에서 정한 프로세스에 따라 입국검역절차를 진행합니다. 이후 입국 수속을 받고, 짐을 찾은 후에 행선지 별로 지자체 안내를 따라서 자차나 버스, 택시 등의 이동수단을 이용하여 귀가 및 자가격리를 진행하시면 됩니다. 인천공항에는 해외 입국 여객을 위한 버스 및 택

시 등 전용 교통수단이 별도로 마련되어 있어, 자차가 없는 여객도 안전하게 귀가 및 자가격리가 가능합니다.

항공사들의 체크인 카운터 자리는 어떻게 배정되나요? 전 세계 어느 공항을 가든 광고 효과가 극대화되는 '황금 자리'가 존재합니다. 체크인 카운터의 경우 이용객의 동선이 짧은 자리가 가장 좋은 자리이기에, 항공사들은 자리 선점을 위해 경쟁을 벌이기도 합니다. 인천공항의 제1여객터미널에 입주한 항공사들은 귀빈실이 위치해 고급스러운 이미지를 줄 수 있는 동쪽 체크인 카운터를 두고 선점 경쟁을 벌였습니다. 공항의 체크인 카운터 배치는 자국 항공사를 우선으로 하기에, 대한한공은 동쪽부터 4개의 카운터를 선점하였고, 중앙의 카운터는 아시아나항공에게 돌아갔습니다. 인천공항은 항공사의 체크인 카운터 자리를 골고루 분배하기 위해 아시아나항공에게 사용료 감면과 서쪽 의전실 증축 등 보조 혜택을 주며 체크인 카운터의 균형을 맞췄습니다.

항공사 라운지는 누구나 이용할 수 있나요? 항공사 라운지는 비즈니스 클래스와 퍼스트 클래스 승객을 위한 무료 라운지입니다. 입출국 대기 시간에 편하게 이용하실 수 있으며, 라운지 내부의 매장에서는 신용카드 결제가 가능합니다. 대한항공을 이용하는 승객의 경우 대한항공이 대여한 외국

공항의 라운지를 이용할 수 있습니다. 외국 공항의 라운지 이용 가능 여부는 항공사마다 상이하므로, 항공사 홈페이지에서 확인 후 이용하시길 바랍니다.

공항에서 미리 체크인 했을 때 짐을 맡겨둘 수 있나요?

인천공항에는 '얼리 체크인' 서비스가 존재합니다. 호텔에서 체크아웃한 후 공항에 도착하여 미리 수하물을 맡겨두실 수 있습니다. 항공사 별로 지정된 도심공항에서 얼리 체크인을 하시면 탁송한 수하물을 도착지 공항에서 받아보시게 됩니다. 얼리 체크인이 가능한 공항은 전세계에서 드물기 때문에, 공항 홈페이지나 항공사 홈페이지를 확인하여 서비스를 이용하시기 바랍니다.

인천공항에서 제일 먼저 수하물 체크인을 하면 도착지 공항에서도 첫 번째로 하역되나요?

이코노미 클래스를 이용하실 경우, 수하물의 하역 순서는 랜덤으로 돌아갑니다. 공항에서 수하물을 일괄 수거 후 비행기에 싣기 때문입니다. 퍼스트 클래스의 수하물은 도착지 공항에서 가장 먼저 하역하기 때문에 이코노미 클래스보다는 빠르게 수하물을 찾으실 수 있습니다.

인천공항
단계별 건설사업

1992. 11 ~ 2001. 03

1단계 사업

제2활주로

제1활주로

건설기간	101개월
부지조성	1,172만 4,000㎡
사업비 (국고40%)	5조 6,323억원
여객수용능력	연 3,000 만 명
건설인력	연 1,380 만 명
화물 터미널	12 만 9,000㎡
운항처리능력	연 33 만 회
항공화물 처리능력	270 만 톤

2002.01 ~ 2008.06

2단계 사업

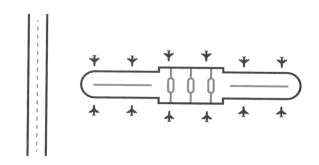

제3활주로

건설기간	77개월
부지조성	956만 8 000㎡
사업비 (국고 35%)	2조 9,688억 원
여객수용능력	연 2,400 만 명
건설인력	연 400 만 명
공항철도	61km
운항처리능력	연 17 만 회
항공화물 처리능력	180 만 톤

2009.09 ~ 2017.12

3단계 사업

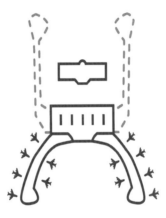

건설기간	98개월
부지조성	110만 5,000㎡
사업비 (국고0%)	4조 9303억원
여객수용능력	1,800만 명
일자리 창출	연 1,380 만 명
셔틀트레인	1.5㎞
운항처리능력	일일 1000회 이상
항공화물 처리능력	50 만 톤

2017. 11 ~ 2024. 12

4단계 사업

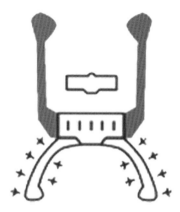

건설기간	2017~2024(7년)
사업내용	제2터미널 확장
활주로 1개 (제4활주로 3,750m) 계류장, 주차장, 도로 등	
여객수용능력	2,900만 명
사업비	약 4.8조원
운항	60만회
여객	1.06억명
항공화물 처리능력	630만톤

인천공항 건설 운영 과정의
주요 정책 변경 내용

- 1990년 : 교통부에서 신공항 건설 주체 발표 ; 공항 건설 전담 회사인 수도권 신공항건설 공사 설립.
- 1992년 : 한국공항공단이 건설토록 정책 변경 ; 한국공항공단이 건설함이 바람직하다는 의견을 정부가 수용하여 변경.
- 1992년 : 수도권 신공항건설 착공식(노태우 대통령)
- 1994년 : 건설 주체 변경 필요성 제기로 별도 주체 설립 ; 오명 장관 (수도권신공항건설공단), 국내 13개 공항을 관리·운영하는 한국공항공단이 단군 이래 최대 대형 사업을 담당하는 것은 역량 집결에 한계가 있으므로 성공적인 추진이 어렵다는 결론 ; 신공항 건설공단이 건설과 운영을 담당 토록 확정 ; 인천공항은 국제선의 70% 국내선의 30% 담당(김포공항은 국제선 30% 국내선 70%).
- 1994년 : 신공항 건설공단 설립 후 주요 공사 중단 ; 강동석 사장, 공항 건설 기본 계획 변경 착수 ; 각계에서 제기한 문제점 개선 보완을 위해 전문가 의견 청취와 용적·실천적 공청회 개최.
- 1995년 : 신공항 기본 계획 변경 확 정; 1단계 활주로1개=> 2개로 증가, 여객 터미널 10만 평=> 15만 평 확장 ; 공항 신도시 264만 평=> 66만 평으로 축소, 제5활주로 예비 부지확보 ; 2조 9천억 사업비=> 4조 2천억으로 증액 등 미래 항공 수요에 대비하기 위한 전략적 판단으로 교통부, 기획 재정부, BH 등 범정부의 전폭적인 관심과 지원 등 최적의 의사 결정으로 용기 있는 도전 ; 결과로 오늘날 인천공항의 성공 비결.
- 1999년 : 인천국제공항공사법 제정으로 인천공항공사를 신공항 운영 주체로 변

경 ; 창의적·혁신적 사고와 판단으로 건설한 주체가 공항을 운영하는 것이 항공산업의 발전을 위해 바람직하므로 정부의 계획을 변경하며 인천공항이 국제선을 전담. 한국공항공사는 국내선 공항 전담으로 변경 ; 상업시설 (면세점) 입찰 방식 변경(숱한 역경 극복, 당시 사장 초지일관 관철)하여 오늘날 인천공항의 재무구조를 건실하게 함(마케팅 전문가 특별채용, 담당 직원들의 창의적 제도개선, 정부 설득).

- 2001년~2003년 : 성공적 개항, 기본에 충실한 이용자 시설 등 세계공항 업계 벤치마킹, 국가 브랜드 이미지 극대화 ; 인천공항의 성장과 발전을 위해 공사 사장(민간)을 중심으로 한 서비스 개선 위원회 발족(공항의 기관이 참여. 세계공항서비스 1위의 시발점 ; 인천공항 허브화 전략 250여 개 발굴하여 착수(여객, 항공사 유치, 물류 시설 확충, 자유무역지역 지정, 환승객 유치 전략 수립 등).

- 2004~2012 : 민간 기업 CEO 임명 회사의 경영을 글로벌 기업의 경영에 맞추어 실행 ; 지속 가능 경영(투명/윤리/성장과 성과 창출/사회 공헌, 사회적 가치실현. 기본에 충실한 합리적 노사관계 형성) 선략 수립 ; 공기업 구조조정 및 경영 개선에 관한 법률에 의거 민영화 대상 공기업으로 선정하여 민간 기업 수준의 경영 자율성 보장하며 경영하게 되어 성장과 성과 창출 극대화. ; 해외 사업 강화의 계기(ICAO글로벌 교육 기관 선정, 이라크아르빌, 중국 하이난, 필리핀 공항 등 다수) ; 3단계 공사 착수, 여객 항공사, 환승객 유치 마케팅 활성화, 물류시설 확충, 사업 시설 수익 극대화, 인천공항의 르네상스 시대를 열어 옴 ; 끊임

인천국제공항공사 역대 사장단

제1대 강동석 사장

제2대 조우현 사장

제3대 이재희 사장

제4대 이채욱 사장

없는 변화와 혁신, 불굴의 도전 정신으로 법과 제도를 개선하며 회사
의 CEO들은 국가의 브랜드 이미지 향상과 이용고객의 편의성 향상에
형식에 얽매이지 않고 공항의 발전을 위해 업무에 집중함.

- 2013. 09. 제2여객터미널 착공 (3단계 건설 기공식)
- 2013. 02. 인천공항 항공훈련센터, 국내 조종훈련 메카로 성장.
- 2013. 04. 인천공항, 印尼 공항확장 PMC사업 국내 최초 수주.
- 2014. 12. Global Traveler 10연패 명예의 전당 등재.
- 2015. 06. 이스탄불 신공항 운영컨설팅사업 수주.
- 2016. 12. 누적 수하물 5억 개 돌파.
- 2017. 03. 세계공항서비스평가(ASQ) 12연패 달성.
- 2018. 02. 인천국제공항 제2여객터미널 개장, 평창 동계 올림픽 성공적 지원.
  쿠웨이트공항 T4 위탁운영사업 수주.
- 2019. 05. 입국장 면세점 개장.

제5대 정창수 사장   제6대 박완수 사장   제7대 정일영 사장   제8대 구본환 사장

제9대 김경욱 사장

- 2019. 08. 누적 여객 7억 명 달성.
- 2019. 09. 인천공항공사 新비전 2030 선포, 2030년 세계1위 공항 도약.
- 2019. 11. 4단계 건설사업 기공식.
- 2019. 11. 인천공항공사 개발 항공보안 교육과정, ICAO 국제 표준 인증 획득.
- 2020. 11. 인천공항공사, 폴란드 신공항 건설 사업 전략적 자문 컨설팅 수주.
- 2021년 현재(2019년 기준)

  - 세계공항서비스 평가 12년 연속 1위.

  - 세계국제화물 운송 3위(276만톤).

  - 세계 국제여객 운송 세계 5위(2019년 7,100만명).

  - 취항 항공사 88 , 취항 국가 52, 취항 도시 173.

인천국제공항이 걸어온 길

■ 과거 건설 과정에서 발행했던 보고서와 정기간행물

■ 미국 시애틀에 있는 보잉사의
항공기 제조작업 현장

인천국제공항 개항 기념

세계 최대의 해상공항인 인천국제공항이 2001년 3월 29일 개항하였다.

1,700만평의 부지에 길이 3,750m의 장대형 활주로 2개와 연면적 15만 40
평의 여객터미널, 5만 3천평 규모의 화물터미널 등을 갖추고 있는 인천국제공
항은 24시간 운영하는 국제선 전용공항으로 연간 2,700만명의 여객과 170만
톤의 화물을 처리할 수 있다. 또한 차세대항공기가 취항할 수 있도록 설계된 인
천국제공항은 세계 최초로 공항종합정보통신시스템과 CAT-Ⅲa 등급의 안전이
착륙 시설 등을 갖춘 최첨단 공항이며, 공항내에 비즈니스와 쇼핑, 숙박기능을
구비하고 있다.

동북아시아의 중심부에 자리한 인천국제공항은 동북아시아와 북미, 유럽지역
을 연결하는 세계간선항로의 관문에 위치하고 있어 이 지역 항공수송의 발전에
크게 기여하게 될 것이다.

안전하고 편리하고 아름다운 공항을 표방하는 인천국제공항이 21세기의 시
작과 함께 인류의 번영을 위한 새로운 하늘 길을 열 것을 기대해본다.

■ 인천공항 개항 기념일 우표

■ 인천국제공항
허브 공항 관련
컨퍼런스

■ 인천국제공항이
위탁 운영중인
쿠웨이트 제4여객터미널

■ 쿠웨이트 제4터미널 운영에 대해 설명을 듣고 있는 쿠웨이트 공항 관계자들

■ 인천공항 건설 경험과
노하우가 반영되는
페루 친체로 신공항건설사업

■ 인천국제공항공사 노동조합이 인천공항 민영화 반대를 위해 제작한 포스터

■ 공항 운영 주체 관련 검토 자료

스무살
인천공항 이야기

초판 1쇄 인쇄일	2021년 8월 10일
초판 1쇄 발행일	2021년 8월 20일
지은이	김연명 · 민영기 · 박준철 · 윤영표
펴낸이	한선희
편집/디자인	우정민 · 우민지 · 김보선
마케팅	정찬용 · 정구형
영업관리	정진이
인터뷰 · 글 구성	김종일 · 이혜지
교정 · 교열 · 윤문	차성환
책임편집	정구형
사진제공	인천국제공항공사
인쇄처	신도인쇄
펴낸곳	국학자료원 새미(주)

등록일 2005 03 15 제25100 2005000008호
경기도 고양시 일산동구 중앙로 1261번길 79 하이베라스 405호
Tel 02 442 4623 Fax 02 6499 3082
www.kookhak.co.kr
kookhak2001@hanmail.net

ISBN	979-11-6797-003-9 *13320
가격	15,000원